크리스틴 델피

가부장제의 정치경제학

제도화된
수렁들

KB065247

봄알람

일러두기

이 책은 크리스틴 델피가 1970년부터 1978년 사이에 발표한
유물론 페미니즘 텍스트를 엮은 책 『주적 1권: 가부장제의
정치경제학L'ennemi principal - tome 1: Économie politique
du patriarcat』에 수록된 두 논고 『유산 상속la transmission
héréditaire』과 『결혼과 이혼mariage et divorce』을 옮긴 것이다.

차례

유산 상속   5
: 공공연한 불리의 세습

　　대물림과 계급 내부의 구성   80

　　주   93

결혼과 이혼   95
: 공공연한 여성 지위 박탈

　　주   137

참고문헌   138

유산 상속

공공연한
불리의 세습

농민의 재산 상속을 연구하기 시작하고 몇 년이 지나서야 다음의 명백한 사실을 깨닫게 되었다. 바로 재산 상속이 보다 넓은 틀의 한 요소일 뿐이요, 그 틀은 대물림[1]이라는 점이다.

그렇다면 연구하는 대상은 왜 재산이며, 왜 농민의 가정인가? 재산의 상속은 사회적 지위를 물려주는 한 방식인데, 특히 농부의 가정에서는 재산이 이런 대물림을 가능하게 하는 유일한, 그렇지 않더라도 매우 중요한 매개체이기 때문이다. '물려준다'는 말만 보아도 알 수 있다. 왜 지위를 '얻는'다거나 농부의 지위에 접근한다고 표현하지 않고 '물려준다'는 말을 쓸까? 왜냐하면 우리는 농부의 지위를 얻는 일이 계승, 즉 한 개인에서 다른 개인으로 자신의 지위를 승계

이 글은 1977년 발표되었다.

하는 일과 관련이 있다는 걸 이미 '알고' 있기 때문이다. 이에 더해, 이러한 승계는 임의의 두 사람 사이가 아니라 친족 간에, 더 정확하게는 선대와 후손 사이에 일어난다는 것도 '알고' 있다. 만일 물려준다는 단어에 '대'라는 글자를 붙이지 않는다면, 그건 그 의미가 이미 너무 자명하기 때문이다. 우리 문화 안에서 물림은 대대로 내려온다는 함의를 포괄하며, 이외의 방식은 고려되지 않는다. 다른 방식이 존재하지 않아서는 아니지만, '물림'이라는 단어는 가족 내에서 이루어지는 승계 행위라는 뜻을 품고 있으며 이런 방식의 승계를 의미할 때만 쓰인다. 이때 물려주는 대상이 무엇인지는 관계없다. 그 대상은 재산, 지위, 습속 혹은 신체적인 형질일 수도 있다.[2]

사회적인 속성을 가진 대물림(유전적인 특징을 비의지적으로 물려받는 일이 이 반대에 해당한다)은 놀랍게도 제법 연구된 바 있다. '고전적인' 유럽 민족학 분야에는 많은 상속 연구가 있는데, 이때 연구 주제는 특정 사회에서 누군가 사망할 때 개인의 사유 재산을 물려받는 규칙에 대한 것이다. 더구나, 민족학과 사회학 연구자들은 사회 구성원에게 사회적 지위를 부여하는 데 있어 어느 수준으로 혈통의 규칙을 적용하는지에 따라 사회를 구분하는 데에 동의한다. 물론 이 기준이 유일한 건 아니지만 주된 기준이기는 하다. 이 지점은 비서구 사회를 연구하는 민족학자들과 '신분제' 사회를 포함해 서구 '계급' 사회를 연구하는 사회학자들 간에 확실한 합의가 이루어져 있다.

그러나 대물림이라는 행위 자체는 이상하리만치 어디서도 연구되지 않는다. 연구의 스펙트럼 가운데 한쪽 끝은 특정한 사회적 집단(특히 '원시' 사회)에서 대물림이 이루어지는 방식을 매우 자세하게 다룬다. 친족 중 누가 상속권자인지나 친족 간 상속의 결과, 양태, 의식 등이 무엇인지 살피는 것이다. 다른 한쪽에서는 대물림이 어느 정도까지 존재하거나 존재하지 않는지, 어떻게 해서 느슨해지거나 결국 다른 것으로 대체되는지를 연구한다.

그러나 대물림이 '무엇'이냐는 핵심 질문은 거의 건드려지지 않은 채로 남아 있다.

이 글에서 나는 이 질문을 제기하는 배경에 존재하는 일반적인 사회학의 문제를 몇 가지 언급하고자 한다. 그러나 이는 야

제도화된 수령들

심 차게 답을 구하고자 함이 아니라, 대물림이라는 현상이 이론적인 대상이 될 만하다는 것을 보이고자 하는 소박한 목적에서다. 나는 이 과정에서 대물림을 사회적인 전승이라는 더 큰 틀 안에 위치시켜야 할 필요가 있음을, 또한 사회적인 전승에 대한 더 일반적인 문제의식—아직 존재하지 않는다—을 발전시킬 필요가 시급하다는 점을 이해하게 되었다.

질문에 대한 답을 구하기 위하여, 우선은 대물림의 굵직한 목적을 분석할 것이다. 또한 이 목적을 이루기 위해 어떤 '논리적인' 해답(실제로 그러한지와는 무관히)의 총합 안에서 이 현상이 이해되어야 하는지 언급할 것이다. 이어서는 우리 사회가 스스로 재현하는 모습 속에서 대물림이 어떻게 모순을 드러내는지 증명하고자 한다. 또한 사회학이 이 현상을 '취급'하는 방식에 이 '모순'이 어떻게 반영되는지를 보이고자 한다. 그것을 취급하는 방식을 따져보면, 사회학은 대물림을 '사회적인' 현상으로 간주하지 않는다. 나는 이 점이 사회학이 대물림에 대해 취하는 이상한 태도—현상의 존재를 마지못해 인정하고, 대체로 무시하면서, 겨우 고려하는—를 설명해준다는 가설을 세울 것이다. 그리하여 약점을 내재한 이런 방식으로 대물림을 취급함으로써, 대물림이 연결하는 두 영역 즉 가족과 사회 전체의 절합을 이해하는 데 남아 있는 사각지대가 만들어졌을 가능성을 주장하려 한다. 이때 나의 증명은 경험 연구에서 추출한 예시에 기반한다.

사회 전반적인 관점에서 대물림은 다

제도화된 수렁들

양한 필요에 부합하는데, 이러한 필요는 다소간 강제적인 성격을 띤다. 예를 들어, 한 사회의 현 구성원이 존재하기를 중단한다고 할 때 그가 그 사회적 지위를 그리고 재산을 가지고 있다면 재산도 함께 저버리게 됨은 당연하다. 이는 그 재산의 소유 형태가 어떻든 일반적으로 적용되는 제약 조건이다. 한 세대가 소유한 물질적 세계는 물질의 소유가 사적이든 집단적이든 간에 '어떤' 방식으로든 생존자들에게 귀속되기 마련이다.

사회는 그 형식이 어떠하든 간에 개인보다 지속하는 기간이 길 수밖에 없다. 바로 이 점이 세대나 무리 같은 실제적인 집단과 사회를 구분 짓는 특성이다. 정의대로라면 사회는 개인 혹은 세대의 수명을 넘어서 영속하며, 그런 의미에서 추상적인 존재다.

사회의 연속성이 곧 그 존재를 규정하고 그 존재가 추상적이라고 할 때, 결과적으로 사회에서 개인이 점유한 위치가 해당 위치를 점유한 개인을 앞선다. 사회는 따라서 개인의 총체이기 이전에 위치의 총체다. 구체적인 집단이기 이전에 하나의 구조다. 구조 내에는 구조보다 한정적인 집단을 매개로 하여 사회적 위치 간의 관계, 따라서 개인 간의 관계가 조직되어 있다. 구조의 실제적인 구성 요소는 매개가 되는 집단이지 개인의 위치가 아니다. 그리고 이 집단 내에서 개인의 위치가 실현된다.

앞서 사용한 용어로 설명하자면 사회는 사회를 구성하는 집단의 영속화로 인하여 영속하고, 집단의 조직이 구조를 만들어낸다고 할 수 있다. 이 구조가 바로 사회의

제도화된 수령들

존재다. 집단들은 사회와 마찬가지로 위치의 총합이며, 집단의 존속 여부는 이 위치가 개인에 의해서 채워지는 데 달려 있다. 그런데 개인은 죽음을 면할 수 없으므로, 다른 개인으로 교체되게 된다.

따라서 대물림은 집단의 존속을 위한 일반적인 필요를 충족한다. 다른 한편으로, 개인의 관점에서, 대물림은 집단 내에 위치 짓기라는, 개인이 사회에 통합되기 위한 필요를 충족한다. 이 두 가지는 '세대 영입' 혹은 '신규 구성원 임명' 등으로 구별 없이 부를 수 있는 단 하나의 절차를 통해 만족된다.

그러나 대물림이 집단의 유지라는 목적을 효율적으로 달성한다 하더라도, 이 목적은 분명 다른 방식으로도 달성될 수 있다. 대물림은 이러한 목적성이 있을 때만 존재할 수 있으나 그 역은 성립하지 않는다. 이와 같은 목적을 달성하기 위해서 반드시 대물림이라는 방식이 필요한 것은 아니기 때문이다. 대물림은 그저 집단에서 새로운 구성원을 임명—이 임명은 세대 영입의 조건이다—하는 '여러 방식 가운데 하나'에 지나지 않는다. 세대 영입과 서로 다른 집단에 새로운 개인들을 배분하는 일은 아주 다양한 방식으로 이루어질 수 있다. 제비뽑기, 투표, 막강한 권력을 가진 이의 권위 있는 결정, 신명재판, 시험, 지명, 결연 그리고 혈통에 의한 대물림. 이 모든 배분 방법은 이미 존재하고 있다. 제비뽑기는 구체적인 역할이 있는 수많은 소규모 집단에서 쓰이며, 아주 다른 두 예를 들자면 게임을 할 때와 유격 작전에서 쓰인다. 권위를 가진 자의 의사 결정은 다양한 업무 집단에서 쓰이며, 정부에서 장관을 임명할 때를 예로 들 수 있다. 시험과 신명재판의 공통된 특징은 너무 잘 알려져 있기 때문에 더 말할 필요가 없으나, 시험이 신명재판과 다른 점은 능력주의 모델, 베버식으로 말하자면 관료제 모델에 공식적으로 속한다는 점이다. 지명과 혈통에 의한 대물림은 서로 상당히 유사한데, 둘 다 더 큰 범주에 속한다. 두 방식 모두 신규 구성원의 임명이 기존의 위치를 점하고 있던 사람과의 결연을 통해 이루어진다는 점에서, 개인적 결연의 두 가지 양태라고 볼 수 있기 때문이다. 마지막에 언급된 세대 영입의 두 가지 유형 즉 능력주의 방식과 결연에 의한 방식에 대해서는 다시 이야기하게 될 텐데, 그들의 공존과 대립, 공세적인 결합이 우리 사회 안에서 위치를 배분하는 문제에 대한 토론의 핵을 차지하고 있다.

혈통에 의한 대물림이 여러 선택 사항 중 하나라는 사실은 결코 언급되지 않는다. 그 외 다른 선택 사항들은 절대 고려되지 않으며, 연구되지는 더더욱 않는다. 그러나 대물림에 대해 알기 위해서는 세대를 이어가는 다른 방식과 이 방식이 구체적으로 어떻게 다른지를 알 필요가 있다. 대물림은 그 자체로 연구되지 않았고, 세대를 이어가는 다른 방식과 구별되지 않았다. 이를 구별해 내려면 다른 방식과 비교해야 하며 따라서 전체의 일부로서 간주해야만 할 것이다. 앞서 언급한 다른 방법들(상상력이 있다면 그 목록은 무한하다)과 같은 선상에서, 같은 속성을 가졌다고 본다는 말이다. 간추리자면,

제도화된 수령들

이를 연구하고 비교한다는 것은 우리가 대물림, 달리 말해 가족 내에서 유산을 물려주는 행위를 사회적인 행위로 간주함을 함축한다. 하지만 우리의 집단적인 의식 속에서 해당 행위는 문화가 아니라 자연에 속한 것으로 이해된다.[3]

상속에 대한 여론을 주제로 1968년 공식 기관에서 진행했으나 발표되지 않은 연구에 따르면, 프랑스 국민들은 개인의 재산이 직계 후손에게 귀속되는 일이 자동적으로 이루어진다고 여긴다.[4] 그러나 그 외의 수혜자를 임명하는 경우에는 의심이 뒤따르며 확실하게 '정당화'될 때에만 이를 인정한다. 자식이 아닌 사람들의 상속이 정당화되어야 한다는 사실은 자식의 상속에는 어떤 정당화도 필요치 않음을 나타내준다. 그 외의 모든 상속은 자식에게 '해를 끼치는' 행위로서 이해되는데, 이로써 자식들은 '정상적인' 상속인임이 확실해진다. 그러나 프랑스 대중에게 이 규범은 사회 규칙이 아니다. 이는 법률은 그저 그 존재를 인정할 뿐인 '자연법'에 속한다. '자연법'이라는 개념이 이 개념을 발명해낸 철학자들에게서 이토록 오래 살아남았다는 사실은 개념을 만들어내는 이들에게는 고무적인 일일 것이다. 하지만 이 경우—다른 많은 경우에서처럼—학자들은 자연발생적 사회학의 방향을 이끌기보다는 따라왔고, 계속해서 그렇게 하고 있다. 대물림을 자연적 사실처럼 다루는 접근 방식은 학문으로서의 사회학 분야에서 명백하게 드러나고, 여러 가지 문제를 낳는다.

　　우리 사회가 계급 사회라는 사실은

당연하게 받아들여지는데, 이때 계급 사회는 위계화된 사회라는 뜻이다. 그러나 다른 방식으로 위계화된 사회와 계급 사회를 구분하려 할 때 이 설명은 충분하지 않다. 위계화된 사회 중에는, 계급 사회 말고도 ('원시' 사회에 대한 질문을 잠시 넣어둔다면) 신분 사회가 존재한다.

신분을 계급과 구분 짓는 데에는 두 가지 커다란 기준이 작용한다. 흔히 신분 사회는 '폐쇄'적이고, 계급 사회는 '개방'적이라고 알려져 있다. 개인이 속한 신분은 오직 출생에서 비롯하나 계급은 그렇지 않다고 여겨진다.

하지만 이 두 기준은 부분적으로 연결되어 있거나, 하나로 귀결된다. 사실상 사회적인 위치가 세습되는 집단은 '신분 사회'

와 마찬가지로 폐쇄적인 사회로 정의된다. 그러나 계급에 대한 정의가 이와 대비된다고 볼 수 있는가? 계급에 대한 정의 가운데 사회적인 위치에 물려받는 속성이 없다거나, 세습이 아닌 다른 방식으로 위치를 얻는다는 언급은 전혀 찾아볼 수 없다. 신분과 계급 간의 구분은 겉보기와는 달리 그다지 명확하게 존재하지 않는 듯하다. 정도의 차이가 있을 뿐 성질의 차이는 존재하지 않는 것이다. 이는 '열린' 계급이라는 개념이 존재한다는 사실을 통해 확증된다.

　　만일 신분이 대물림을 통해서 부여되기 때문에 '폐쇄'적이라고 정의되며 그것이 계급과 대비된다면, 계급 역시 정의상 '개방'되어 있어야 한다. 하지만 그렇지 않다. '열린' 계급이라는 건 대물림을 통하지 않은 경우를 한정적으로 지칭하며 따라서 그 외의 계급은 대물림을 통해서 결정된다고 생각하는 것이 옳다.

우리 사회가 드러내는 재현대로라면, 상식적으로 사회적 위치의 대물림은 당연한 것이다. 계급에 대한 고전적인 분석(마르크스와 엥겔스 등의)을 보아도, 이는 주어진 것으로 간주된다. 그리고 바로 이처럼 당연하게 취급되기 때문에 이론상에서 지분을 갖지 못한다. 계급에 대한 정의에서 위계적인 속성은 분명하게 드러나지만, 상속이라는 성질은 내재되어 있다.

사회적 현실의 행위자들 그리고 이를 관찰하는 이들이 '계급'에 대해서 말할 때, 노동자의 아들들은 '보통' 노동자가 되고 기업가의 아들들은 '보통' 기업가가 된다고 생각한다는 점은 분명하다. 하지만 같은 경우라도 노동자의 아들이 '불가피하게' 노동자가 되는 건 아니다. 그리고 이런 서술은 현실에 어느 정도 부합한다. 사회적 위치는 양태적으로, 즉 통계적으로는 대물림되지만 '반드시' 그렇지는 않다. 바로 이 점이 신분과 계급을 구분 짓는 특징이다. 그렇기 때문에 이 둘을 본질적으로 다른 것인 양 대립시키는 건 개념의 오용이다. 둘은 정도의 차이를 가졌을 뿐이다. 신분과 계급은 명백하게 구분되지 않고, 정도에 의해서 구별된다. 정도의 차이가 있다는 말은 오히려 둘이 같은 연속체에 위치한다는 의미다. 연속체 위에서 둘은 분명 다른 위치를 차지하고 있으나, 단일한 선상에 있다. 둘의 이러한 관계는 '열린' 계급이 신분보다는 덜 '신분적'이며 더

'계급적'이고, 그렇게 별도로 규정되지 않은 계급은 '열린' 계급에 비하여 더 '신분적'이며 더 '계급적'이라는 사실로 다시금 확정된다.

한 집단의 '폐쇄성'과 출생 시부터 부여되는 소속 사이의 명시적인 연결은 대물림의 '자연적' 지위와 이에 대한 전반적인 문제의식의 부재를 둘 다 드러내준다. 우리는 한 집단에 대한 접근이 그 구성원의 후손에게로 한정되어 있을 때, 바로 그러한 이유로 어떤 집단이 폐쇄되어 있다고 말한다. 그런데 구제도 시기에도 그리고 오늘날에도 여전히 성직자 집단은 폐쇄적인 사회 집단이다. 그러나, 성직자라는 지위에 대한 접근은 "오직 독신자만이 가장 높은 자리를 점할 수 있으므로"(Bougle 1925) 대물림으로는 이루어지지 않는다. 구제도 내에서 성직자라는 집단은 혁명 후의 '현대' 사회와는 반대로, 정의상 사회 내에서 출생으로 접근 여부가 결정되는 한 축으로 여겨졌다. 그러나 충격적인 스캔들이 발생하지 않는 한 이 자리는 아버지에서 아들로 물려주는 방식으로 전달될 수 없었다. 분명 다른 방식으로 세대 영입이 이루어졌으며 지금까지도 이루어지고 있는 것인데, 그 방식은 바로 지명이다. 개인의 '출신'—예를 들어 사회적 배경—이 아무런 상관이 없다는 뜻은 아니다. 하지만 상관이 없는 게 아니라면, 여기서는 출신이 가족 내 세습과는 다른 방식으로 작용할 수 있으며 따라서 대물림과 출신을 동의어로 놓아서는 안 된다는 결론이 난다. 성직자의 예시는 폐쇄성과 대물림 간의 '필연적인' 연결을 반박한다는 데 가장 큰 시사점이 있고, 결과적으로 우리로 하여금 폐쇄성이 무엇이며 대물림이 무엇인지에 대해 다시 질문하게 한다.

성직자 집단이 폐쇄적이라는 점을 인정한다면, 폐쇄적인 집단의 정의에 지명으로 신규 구성원의 영입이 이루어지는 방식도 포함해야 한다. 이에 따라 폐쇄성의 정의 역시 확장된다. 폐쇄성은 이제 집단의 현재 구성원과 개인적으로 연결—이때의 연결이 혈연에 의한 것이든 아니든—된 구성원에게 접근이 한정되었다는 의미가 된다. 따라서 대물림은 더 일반적인 방식의 한 '양태'에 지나지 않게 된다. 이 방식이란 바로 '결연asso-ciation'이다.

바로 이 결연에 관해, 그 다양한 '양태'에 관해 연구해야 한다. 한 집단의 구성원들은 어떤 선택 기준—예를 들어 혈연, 친연성 등—에 따라 새로운 세대의 개인들에게 자신의 위치를 물려줌으로써 결연되는가? 또한 현 구성원들이 집단을 위해 새로운 구성원을 영입할 때, 그 집단이 기능하게끔 하는 결연의 '함의'에 관해서도 연구해야 한다. 왜냐하면 상속과 지명이라는 결연의 두 양태가 동일한 명제에 기초하고 있기 때문이다. 이 명제가 없다면 둘은 성립될 수 없다. 그 명제란 바로 한 위치를 현재 점하고 있는 이는 개인적으로 그 위치를 처분할 수 있는, 즉 '다른 사람'에게 넘겨줄 수 있는 능력을 가지고 있다는 것이다. 위치를 주거나 받는 이의 정체성(아버지, 삼촌, 아들, 조카, 이방인, 친구, 학생 등)도 중요하기는 하지만 이는 증여자와 수증자로서의 '자질'에 비한다면 어디까지나 부차적이다. 위치를 물려주

제도화된 수령들

는 쪽의 경우 그 자질은 위치를 넘겨줄 수 있는 권한에서 나온다. 결국 결연을 통한 영입은 그 존재 자체가 위치를 현재 점하고 있는 이들이 그 위치와 맺는 관계에 달려 있다고 볼 수 있는데, 이 경우에는 사망 전후에 점유한 위치와의 관계다.

이 질문은 여태까지 대물림이 연구 대상으로 사유되지 않았던 문제의 핵심이며, 더 나아가서는 세대 영입이라는 사회 문제를 둘러싼 사회학적이고 정치적인 움직임의 감추어진 토대이기도 하다. '누가' '어떤' 집단에, '어떻게' 들어가는가?

앞서 계급은 그 대물림되는 성격과 위계적인 성격—내재적일지라도—으로 정의된다고 언급한 바 있다. 언론이 '사회'라고 부르는 것을 살펴보면, 지배자와 피지배자

의 '대화' 속에서 위계보다도 중요하게 인식
되는 건 바로 대물림이다. 예를 들어서, 언론
이 고상한 언어로 지칭하는 '사회적 파트너'
는 '민주화' 과정의 현실이나 효율성과는 동
떨어져 있을지언정 모든 사람에게 같은 것
을 지칭하고, 이것은 더 평등한 사회로 나아
가기 위한 움직임의 주요한 요소로 이해된
다. 모두에게 같은 것을 지칭하는 이 단어에
는 그러나 두 가지 뜻이 있다. 한편으로는 사
측의 권위 축소를 의미하는 기업의 민주화
에 대해 말할 때 이 단어를 쓴다. 이때 평등
주의적인 움직임과 단어의 연관성은 또렷하
고 직접적이다. 다른 한편으로는 교육의 민
주화를 이야기할 때도 이 단어를 쓴다. 그런
데 이때 그 내용은 완전히 달라진다. 이 단어
는 교사와 학생 간의 관계가 아니라 학생 집

단의 다양해진 사회적 구성을 의미할 때 쓰인다. '행정의 민주화' 등의 표현에서도 마찬가지다. 두 번째 용례에서, 집단 내부의 위계나 집단 간의 위계는 문제가 되지 않는다. 따라서 민주화는 세대 영입의 영역에만 관여하며 하나의 행위만을 일컫게 된다. 바로 대물림의 효과를 완화하는 것이다(Boudon 1979).

같은 용어가 서로 구별될 뿐 아니라 부분적으로는 모순된 관계에 놓여 있는 두 기획을 의미한다는 점은 흥미롭다. 하나는 사회적 조직의 위계적 성격을 문제 삼는 일이고, 다른 하나는 대물림을 통한 세대 영입을 문제 삼는 일이다. 이때 후자는 전자의 성격을 함축하지 않을 뿐 아니라 그 반대를 내포하기도 한다. 바로 사회적 불평등의 영속

화다. 사회적 위치에 접근하는 평등—민주화의 두 번째 의미—은 이 위치의 배열이 불평등하고 그렇게 유지될 때에만 중요한데, 여기에서 '민주화'의 첫 번째 뜻은 무색해진다.

하나의 용어가 서로 너무 다른 사회적 기획을 포괄하고, 기회의 평등과 결과적인 평등이 뚜렷하게 구별되지 않는 이유는 하나다. 절대적인 위계 그리고 이에 대한 제한된 접근이 사실상 같이 묶여 있는 사회적 현실 때문이다.

예를 들어 제비뽑기와 같은 방법으로, 집단의 위계를 건드리지 않고 친족, 더 일반적으로 말하자면 현재 사회적 위치를 점하고 있는 이들의 개입을 완전히 배제하는 절차를 거쳐 사회적 위치 전부를 새로운 세대에게 배분한다면 어떤 계급의 문제가 생겨날 수

제도화된 수렁들

있을까 자문해볼 수 있다.

이미 보았듯이 민주화의 정도에 대한 이론적이고 정치적인 논의는 오직 세대 영입의 방식만을 언급한다. '기회의 평등'은 출생 배경이 특정한 기능, 사회적 위치, 집단에 접근하는 데 끼치는 영향을 배격한다. 하지만 이는 구체적인 영역에 한정되어 있다. 대물림의 정당성은 그 행위 자체로가 아니라 부분적으로만 문제가 된다. 즉, 대물림의 원칙을 거부하는 게 아니라 대물림이 관여하면 안 되는 영역 혹은 절차를 정함으로써 그 행위를 한정하는 것이다. 이는 암묵적으로 대물림이 정당하게 작동할 수 있는 영역을 지정하는 역할을 한다.

번스타인의 논문(Bernstein 1975)과 뒤이은 부르디외와 파스롱의 연구(Bourdieu et

Passeron 1964)를 성공으로 이끌었던 것은 공식적으로는 대물림되지 않는 체계 내부에 대물림이 개입함을 고발하는 내용이었다. 여기에서 대물림 외부의 체계란 바로 교육이다. 이 연구는 흔히 계급 체계에 대한 비판으로 여겨지지만, 사실 그 체계 자체를 공격하지는 않는다. 이 같은 주장이 결국 어디로 수렴하겠는가? 이 주장은 출생 배경과 관련된 요인이 교육에 미치는 영향을 드러낸다. 즉, 이 능력주의적 체계 내부에서도 상류층 문화와 대학 문화의 수렴을 수단으로 하여 대물림이 관여한다는 사실을 밝히는 것이다.

이렇게 밝혀진 사실 자체는 또 하나의 고발이라 할 수 있다. 여기에서는 무엇이 드러나는가? 바로 교육 체계는 대물림과 절대적으로 독립적일 것이라고 고려된다는 점이다. 교육 체계 내에서 대물림이 미치는 영향을 '밝혀낼' 필요가 있다는 주장은 교육의 대물림이 공공연하지 않게, 은밀하게 작동하고 있음을 의미한다. 이런 까닭으로 이러한 주장은 그 자체로 하나의 논란이 되며 이 논란은 그 참조 체계인 학교가 능력주의적임을 드러낸다. 능력주의 모델에서, 사회적 위치에 개인이 접근하는 일은 해당 자리를 가진 이와 혈통이나 지명을 통해 개인적으로 결연되어서가 아니라 공식적인 기준을 적용함으로써 이루어진다. 파슨스식으로 말하자면 역량의 '보편주의적'인 기준을 거치는 것이다. 번스타인, 부르디외, 파스롱의 연구와 그 학파는 학교가 실제로 작동하는 방식을 비판하기 위해서 암묵적으로 이 모델을 채택했다. 그러나 능력주의 모델이 위계를 비판하는 것과는 거리가 멀고 오히려 이를 정당화하거나 합리화하는 경향이 있는 만큼, 이들의 연구는 계급 체계를 문제 삼지 않을 뿐 아니라 한편으로는 이를 인정하는 역할을 한다.

그럼에도 이 연구가 중요한 까닭은, 특정 영역에서는 대물림의 영향이 즉각 드러나지 않으며 그 이유는 그것이 '부당하기' 때문이고 따라서 '폭로되어야' 하는 대상이기 때문이라는 점을 보여주기 때문이다. 다른 영역에서, 예를 들어 재산의 이동과 같은 영역에서는 대물림을 폭로할 필요가 없다. 그 영향이 이미 가시적이기 때문이다. 그리고 이 가시성은 대물림의 정당함에서 비롯한다. 대물림이 온당하지 않은 영역이 어디인지를 가려내는 방식의 사유는 달리 말해 어딘가에서는 그것이 온당하다고 말하는 것과 같다. 이는 대물림의 정당성에 대한 근본적인 질문을 야기하는데, 이 질문의 기저에는 물려줄 위치를 점유한 이들이 이를 어떻게 처분하는지의 문제가 놓여 있다. 우리는 앞서 이 문제를 더 일반적인 용어로 제기한 바 있다. 하지만 지금까지 다룬 질문들 덕에 이제 그 문제의식을 자세히, 즉 더는 추상적이지 않게 구체적으로 드러낼 수 있다. 학교 내에서의 대물림에 대한 논란은 우리로 하여금 특정한 위치를 점유한 자가 가진 지위 처분 능력이라는 문제를 실질적으로 검토하게 한다. 즉, 어떤 위치를 부여받은 이가 이를 전유할 때 실재하는 한계가 무엇인지 자문하도록 하는 것이다. 더 구체적으로 말하자면, 어떤 자리를 가진 사람이 다른 사람에게 그 자리를 넘겨줄 수 있는 정당한 방식은 무엇인지를 질문하게 한다.

지위의 대물림은 재산을 넘겨줄 때, 더 구체적으로는 '본래부터' 있었다고 여겨지는 재산인 땅을 물려줄 때 논리적이고 역사적인 근거를 가진 행위로 여겨지곤 한다. 우리는 근대 사회가 소규모의 독립적인 농업 생산자들로 이루어진 사회로부터 기원한 듯 여긴다. 이들은 가령 자신의 생산수단을 소유함으로써 독립적이다. 우리는 이 사회 모델을 현대 '산업' 사회에 대비시키고, 현대 직전의 시대에 위치시킨다. 이 사회가 역사적 현실을 가졌음을 알고 있다 해도 이는 명확하지 않으며 따라서 그 현실은 우발적이다. 그런데 이 모델은 마치 몰역사적인 상황처럼 혹은 자연적이거나 최소한 '원형'의 사

제도화된 수렁들

회처럼 보인다. 현실에 존재하면서도 한편으로 신화적인 이 사회에서, 땅은 특권적인 생산을 가능케 하는 도구다. 땅은 독점적인 방식으로 전유되었고, 결국 대를 거쳐 물려받는 대상이 되었다.

우리 사회에서 그리고 사회학적인 사유에서 재산의 상속은 지위를 물려주는 일차적이고 원형적인 방식으로 간주된다. 더 정확히 말하면 재산 상속은 지위 상속의 주된 동기이며, 지위의 상속은 이에 따라 거의 우연히 발생하는 결과일 뿐이다. 또한 땅을 아버지에서 아들에게로 양도하는 행위는 거의 자연적으로 일어나는 현상이며, 토지의 사유재산화에 따른 불가피한 파생 명제일 따름이다.

이때 재산 상속은 합당한 대물림의

영역에 남아 있다. 부르디외와 파스롱(1964) 의 저작의 제목은 『상속자들』이다. 문화의 대물림이 정당한 제도, 즉 상속의 부당한 적용이 아니고서야 이 제목이 무엇을 뜻하겠는가? 문화의 대물림이라는 은밀하고 불법적인 영역은 재산 상속이라는 가시적이고 정당한 현상과는 근본적으로 다르게 취급된다. 문화의 대물림이라는 현상의 부적절성은 드러낼 필요가 없는 것으로 간주되며 따라서 드러나지 않는다. 그저 대물림된다는 것을 '보여주면' 충분하다. 문화 영역에서의 대물림은 그 자체로 부적절하기 때문이다.

이처럼 상속의 부/적법성은 사회적 규칙이 아니라 마치 적용되는 영역이나 그 영역의 본질적 속성, 즉 자연적인 성질에서 비롯되는 것처럼 여겨진다.

제도화된 수렁들

그러나 문화와 재산이라는 두 영역이자 절차 사이에는 연속성이 존재하지 않는가? 오늘날 우리는 그리 오래되지 않은 과거에는 완전히 정당했던 관행을 경악과 공포를 담아 바라보곤 한다. 예를 들어서 행정직 혹은 사법직을 매수하는 일이 그렇다. 이는 '돈의 힘'이 사회 외적인 질서에 속하는 '순수하게 경제적인 속성'이 아니라는 걸 보여준다. 오히려 각 시점과 각 시대에 경제력으로 구입할 수 있는 것과 없는 것을 정의하는 건 바로 사회다. 직위를 구입할 수 있다는 건 물려줄 수 있다는 뜻이다. 오늘날, 아버지가 법관이었다는 이유로 아들이 법관이 되는 일은 불공정하다고 치부된다. 이 판단은 해당 직책에의 접근이 개인이 증명한 직책 수행 능력에 의해 결정되어야 한다는 철학에 근거한다. 그러나 이 철학은 정말로 우리 사회의 기능을 지탱하는 원칙이 맞는가? 먼 과거로 눈을 돌릴 필요도 없다. 오늘날에도 여전히, 장관직은 매수되고 대물림된다.

우리 사회는 따라서 두 가지 방식의 세대 영입을 인정하는 셈이다. 이 두 방식이 공적 직책과 사적 직업이라는 서로 다른 구조에 각각 해당하리라고 여길 수도 있다. 그러나 그렇지 않다. 공증인의 예시와 역사적인 증거가 이를 입증한다. 공직은 대물림될 수 있다. 사적인 직업에 대한 접근은 많은 경우 그리고 점점 더 능력주의적인 방식으로 이루어진다(전문직). 사실 상황에 따라 완전히 달라지는 행정의 정의만 극복하면, 공과 사에 대한 구분 자체가 완전히 임의적이다. '공적 이익'과 '기능성'에 대한 관점에서는 법관과 농부라는 직업 사이에 이렇다 할 차이가 없다. 둘 다 사회 기능의 일부이며, 유용하다. 그러나 법관 자리를 물려준다는 생각에는 소스라치는 사람들이 공장주, 농부, 식료품점 주인 자리를 물려주는 일에는 완전히 동의한다. 전자와 달리 후자의 직업들은 자본을 필요로 한다는 점에서 둘 간에 구분선이 그어지는 것처럼 보일 수 있다. 또한 직업에 대한 접근이 자본 상속을 위한 방향으로 이루어진다고 여길 수도 있다. 하지만 이는 현상을 거꾸로 본 결과다. 역사는 어떤 직업이 물질적 재산의 소유 여부와 관련이 있다는 사실이 자연적이거나 불변하지 않음을 보여준다. 바로 이 사실 자체가 변화하기 때문이다. 따라서 특정한 직업을 수행하는 일과 재산 소유 여부의 관계성은 사회적인 결정에 따라 좌우된다. 구제도에서는 법관이 되고자 할 때 개인 재산을 필요로 했다. 직업이 어떤 접근 체계에 속하느냐는 직업의 성질에 따라 결정되지 않는다. 오히려 사회가 특정한 직업을 매수 가능한 영역과 대물림되는 영역에서 배제하는 것이다. 이에 특정한 직업이 사실상 재산을 요하기 때문에 대물림된다고 보는 것 역시도 잘못된 생각이다. 어떤 직업을 갖기 위해 재산이 필요하다면, 그 이유는 사회가 그 대물림을 금지하지 않기로 결정했기 때문이다.(능력주의와 상속이 결합한 많은 타협안이 등장하긴 했지만 말이다. 가령 전문직은 자본과 학위를 동시에 요구한다.)

　　역사적 변화에 대한 분석은 이 구분선이 유동적임을 보여준다. 따라서 언젠가는 장사를 할 기반을 매입하거나 물려받아 식료품점 상인이 되는 일이 오늘날 법관직을 사고팔았던 관행을 볼 때만큼 충격적으로 다가올 수도 있는 일이다. 실제로 농업 분야 직종의 특정 요소에서 이미 이런 경향이 드러나고 있다. 소명과 역량이 강조되는 동시에, 경작지를 소유한다고 해서 그 직무를 행하는 데 충분한, 심지어는 필수적인 조건이 충족되는 건 아니라고 여겨지기 때문이다.

대물림을 통한 전승 과정의 작동은 이제 아버지의 '직업'을 물려주는 문제만을 일컫지 않는다. 사회적 이동성에 대한 연구와 문화자본의 상속에 대한 작업이 이를 잘 보여준다. 우선, 대물림은 직업 이상을 포괄할 수 있다. 모부는 자식들에게 자신들의 상황을 그대로 넘겨주지 않으면서도 이에 준하는 지위를 물려줄 수 있다. 다른 한편으로는, 시험이나 경연 대회와 같이 공식적인 경로로 접근이 결정되는 사회적 위치의 수가 끊임없이 늘어나고 있다. 그 결과, 지위의 대물림은 점차 공식적인 시험에서 성공하는 기술을 물려주는 방식으로 이루어진다.

전통적으로 물질적인 유산과 관련되었던 계승 방식으로의 이동, 혹은 그러한 전통적 방식을 보완하는 방향은 왜 지위의 대물림이 점점 더 아버지의 자리 자체를 넘겨주는 대신에 그와 '유사한' 지위를 갖게 하는 방식으로 바뀌었는지를 설명해준다.

또한 사회 이동성에 관한 연구는 별개의 직업이 아니라 해당 지위에 준한다고 여겨지는 직업 전체를 단위로 한정하며, 이 각각의 '사회직업적' 범주는 위계 구조상의

제도화된 수령들

단계에 부합한다. 이 범주들은 다시 더 광범위한 집합체로 분류되고, 이는 우리 사회 내 큼직한 '계급들'의 조작적 정의로 활용된다.

사회 이동성에 대한 연구는 계급에 대한 몇 안 되는 경험 연구 분야 가운데 하나다. 그러면서도 대물림이라는 현상의 모순적인 지위를 드러내 보인다. 의도한 바는 아니지만, 연구가 작동시키는 이론에서 해당 부분에 대한 반증으로 작용하기 때문이다.

'사회 이동성'이란 무엇이며, 어떻게 측정할 수 있는가? 개인이 경제활동을 시작하는 시점에 놓인 위치를 그로부터 30년 후 그의 위치가 아닌 그의 아버지가 경제활동을 종료한 순간에 놓여 있었던 위치와 비교한다. 예를 들어서 아버지가 직공이었던 집안의 아들이 의사인 경우 '상승 이동'을 한

셈이 된다. 이렇게 측정되는 움직임은 그 단어가 함의하는 것처럼 개인의 이동성이 아니라 사실은 세대 간 이동성을 의미한다. 정말로 개인의 이동이 함의되어 있는 건 맞을까? 그렇지도 않다. 세대 간 이동과 개인의 이동은 달리 구분되지 않기 때문이다.

따라서 지위의 대물림이 이동성 연구의 출발점이 되는 명제임은 자명하다. 개인은 아버지의 사회적 위치가 '도달한' 곳으로부터 경력을 '시작할' 것으로 여겨진다. 더 나아가면 개인의 경력과 아버지의 경력은 혼동된다. 개인의 이동과 세대 간 이동은 동의어로 취급된다.

만일 개인의 현재 지위가 그의 아버지의 지위와 같다면, 이 개인은 '부동의' 존재로 취급된다. 다른 말로 하자면 이 상황은 사회 이동성 이론의 귀무가설에 해당한다. 심지어 이동성, 즉 운동의 반대 상황으로 간주되므로 관성적인 상황으로 여겨지기도 한다. 다른 상황이 '움직임'이라 불리고 따라서 특정한 절차에 의해서 야기된다고 여겨진다면, 이 상황은 그와 반대로 절차가 없음, 따라서 야기될 만한 원인이 없음으로 해석된다. 이대로라면 지위의 대물림은 '어떤 일도 일어나지 않는' 현상으로, 모든 절차가 부재할 때 일어난다. 그리고 결국 정상적인 절차이면서도 절차가 아니라고 치부된다. 아들과 아버지의 사회적 위치가 유사한 현상은 '안정성'으로, 그들의 위치가 다르다면 '이동성'으로 이름 지어진다.

하지만 유사성은 어떤 경우에도 안정성이 아니며, 어떻게 해도 관성의 결과가 될 수 없다. 물리적으로 구분된 두 사람 간의 유사성은 어떤 식으로든 달성되어야 하는 것이다. 아버지와 아들이 같은 한 사람임을 함의하지 않고서는 이 결과를 '안정성'이라 말할 수 없다. 두 세대 간에 발견되는 유사한 현상에 안정성이라는 단어가 적용되는 현상을 이해하기 위해서는 이 명제가 반드시 필요하다. 어떤 착오로 인해 우리는 두 사람을 한 명으로 취급하게 된 것일까? 바로 지위의 대물림이 당연하다는 착오, 사회라는 구조를 이루기 위해서는 개인이 아니라 위치가 중요하며 아들은 말 그대로 아버지의 '연속'이라는 착오다.

이처럼 사회 이동성 연구는 지위의 대물림을 자명한 이치로 간주한다는 점을 알 수 있다. 하지만 해당 연구가 채택하는 개념화가 대물림을 시행하는 사회에서 이루어졌기 때문에, 이 이치는 함축적일 뿐 공리로 인정되지 않는다. 이런 개념화는 실제 어떠한 절차가 이루어지는지, 즉 그 기저에 무엇이 있는지를 포착하지 못하게 한다. 사회 이동성 연구는 연구 자체가 포괄하는 대물림을 제대로 보지 못한다. 따라서 대물림의 존재는 연구에 포괄되는 바로 그만큼 부인된다.

계급 이론의 경험적인 측면이기도 한 이 연구들은 계급 이론과 어떻게 충돌하는가? 계급은 친족 이외의 기준으로 구성된 집단이라고 정의되며, 혈연이 구성 기준이 되는 비서구 사회 집단과 대립된다. 심지어 이는 서구 사회를 정의하는 데에도 쓰인다. 다른 사회들에서는 사회적 위계가 혈연이 만들어낸 위계와 섞이거나 그 부산물이지만,

근대 서구의 사회적 조직은 경제적인 성격을 띠는 집단에 기초한다. 이 집단의 구성 원칙은 집단 간 조직의 구성 원칙과 마찬가지로, 완전히 혈연 외부에 위치한다. 서구 사회 혹은 근대 사회에서 혈연은 사회적 위계와 전혀 연관이 없는 것처럼 보이기 때문에 부차적인 주제로 다루어진다고 이해된다. 혹은 계급 자체에서 어떤 역할도 하지 않는 듯이 이해되기도 한다. 이런 주장은 두 현상의 질서를 혼동하는 데서 비롯한다. 첫째는 집단과 그들 간의 위계를 구성하는 원칙이고, 두 번째는 세대 영입의 규칙 그리고/혹은 개인의 집단 소속 규칙이다.

누구라도 충분히 이 사회적 집단들이 혈연이라는 기준을 떠나서 만들어지고, 이 집단에 개인이 속하는 일은 혈연에 의해 좌우된다고 생각할 수 있다. 이는 신분 사회처럼 출신이 사회 전체를 좌우한다고 여기는 사회에서 실제로 일어나고 있는 현상이기도 하다. 이 말은 사실 우리가 세대 영입이라는 문제를 신분 사회에 국한해서 생각한다는 의미이기도 하다. 이런 사회에서는, 집단이 직업 혹은 종교와 관련이 있으며 그들 사이를 규정하는 위계 역시도 그러한 성격을 띠고 있다. 이 집단들에 개인이 속하는 일만이 가족적인 성격을 띤다. 하지만 집단 '구성'의 원칙과 집단 배열의 원칙은 우리 사회에서와 마찬가지로 가족 외적이다.

이와 반대로, 우리 사회에서도, 개인의 사회적 소속은 혈통과 강력하게 연관되어 있다. 우선 사실 측면에서 그런데, 사회 이동성 연구는 지위의 대물림이 너른 차원에서 이루어진다는 걸 보여준다. 또한 재현적 측면, 나아가 학문적 이론 측면에서도 마찬가지다.(그러나 이는 내재적이다.) 앞서 언급한 연구는 그 전제에서, 즉 이론적인 차원에서 지위의 대물림의 우세성과 보편성 즉 '정상성'을 지지한다.

　　그러나 이 내용은 계급에 대해 자명하게 알려진 이론과는 명백히 모순이다. 기존에 알려진 이론들은 우리 사회의 위계를 이야기할 때 혈통을 전혀 언급하지 않았다. 사실 사회 이동에 대한 연구에도 대물림의 자리는 없다. 해당 연구들은 대물림 현상을 관성적인 상태로 봄으로써, 그 절차적 성격 즉 사회적 성격을 부인하고 자연적인 현상으로 치부한다.

　　우리 사회에서 대물림은 제도로 간

주되고 따라서 민속학 혹은 가족 사회학 분야에서 연구된다. 그러나 '일반적'인 사회학은 이를 전前사회적인 사실이라 본다. 이는 제도가 가지는 구체적인 특징뿐 아니라 제도라는 본질마저도 무시하는 처사다. 더 정확하게 말하자면, 대물림이 제도로서 가지는 몇 가지 측면만을 취하고 나머지는 내버려도 된다는 생각이다. 그러나 대물림을 연구한다면 모든 측면을 고려해야 하며, 일부만 취하거나 버릴 수는 없다. 하지만 이토록 자명한 과제는 지켜지지 않는다. 지금부터 살펴볼 것은 바로 이 지점이다. 대물림의 어떤 측면 혹은 함의가 자체적인 맥락에서 임의적으로 추출되었는지, 어떻게 그 부분들이 대물림 전체에 해당하는 것처럼 여겨지게 되었는지를 살필 것이다. 이러한 착오는 대물림이라는 대상 자체가 간과되고 사회적 집단 간에서 그리고 그 내부에서 대물림이 발휘하는 역할이 허위 재현되는 이중 결과를 초래했다.

특히 사회적 지위 획득에 대한 문제의식 아래 암묵적으로 혹은 명시적으로 전제된 두 가지 가설을 살펴볼 것이다. 이 문제의식은 계급에 대한 문제의식의 일부를 이루게 된다. 바로 대물림이 오로지 '안정성' 혹은 '재생산'의 맥락에서만 제 역할을 한다는 것이다. 그리고 대물림이 사회 집단을 구성하는 내적인 원칙에는 어떤 영향도 주지 않는다는 것이다.

만일 우리 사회 안에서도 사회적 지위란 기본적으로 대물림되는 것이라는 점을 인정한다 해도, 어떤 사회적 집단도 해당 집단 내에서 태어난 개인들로만 구성되는 일은 없다는 문제가 남는다. 이는 무척 핵심적인 사실인데, 그 이유는 바로 이 점이 계급이 '개방되어' 있다고 평가할 척도가 되기 때문이다. 이 사실에 대해서는 특히 한 측면을 특기해야 한다. 한 개인이 태어날 때 속한 계급보다 더 '상위의' 계급에 진입할 수 있다는 가능성이다. 사회 이동성에 대한 연구는 이 움직임을 강조한다. '상승' 이동의 존재 혹은 부재가 민주화에 대한 관심의 한가운데에 놓여 있다. 상승 이동의 파생 명제이자 조건인, 그러나 긍정적이지 않다 여겨지는 하강 이동에 대해서는 그다지 다루지 않는다. 어떤 계급의 모든 구성원이 그곳에서 출생하지는 않았다는 상황의 이면, 즉 당연하게도 한 계급에서 태어난 모든 개인이 그곳에 머

물지는 않는다는 사실은 어떤 경우에도 부적절하다고 여겨진다.

이는 이러한 측면이 은연중에 하강 이동과 혼동되기 때문인 듯 보인다. 그리고 우리는 마찬가지로 은연중에 하강 이동과 상승 이동에 같은 원인을 부여한다. 두 이동 모두 능력주의적 과정의 결과로 여겨지는데, 이동성은 이 능력주의적 과정의 존재 및 효과를 나타내는 표지이자 그 결과다. 이와 반대로 비-이동성은 대물림의 결과이자 대물림의 존재를 보여주는 지표로 이해된다.

따라서 대를 물려주는 행위는 대를 건너 유사성을 만드는 행위와 동일시되며, 대물림 자체는 이 후자의 행위에 등치되고 이를 통해 식별된다. 반면 세대 간의 차이를 만들어내는 모든 행위는 대물림의 외부에 위치

제도화된 수령들

할 뿐 아니라 그에 반대되는 듯 여겨진다.

　　이 관점에서 보는 대물림이라는 제도는 오로지 모부와 아이 간의 유사성을 야기하는 데에만 그 역할이 있으며 오직 유사성만을 만들어낼 수 있다. 그러나 사회학적으로 증명된바, 이 명제는 거짓이다. 이 명제는 근본적으로 대물림을 단순화하고, 이를 구성하는 다양한 층위를 혼동하며 그 규칙과 내용, 사실을 자의적으로 무시한다.

　　제도로서의 대물림은 넓은 의미의 가족적 제도의 일부다. 이미 알려진 사실이지만 가족이라는 제도는 위계적이다. 그러나 이 사실은 사회 이동성 혹은 문화적인 대물림에 대한 연구에서 편리하게도 '망각'된다. 모든 자식이 그들 간에 평등한 것처럼, 모두 '상속자'인 것처럼 취급된다는 말이다.

이로 인해 우리는 서로 다른 효과를 한데 묶어 생각한다. 민족지학자들 사이에 이미 잘 알려진 혈연의 효과는 넓은 범위의 사회 집단에 대한 소속, 재산 상속, 아버지의 위치 계승에 있다. 부르디외나 파스롱과 같은 저자들이 모든 아이를 '상속자'라고 부를 때 그리고 유산/상속을 '계승'의 과정(지위의 전승을 위한 문화의 전승)이라고 부를 때, 이 세 효과의 심각한 혼동이 발생한다.

민족지학자들의 작업은 '원시' 사회에서 이 세 가지 차원이 늘 함께 일어나지는 않는다는 걸 밝혀냈다. 따라서 논리적으로 셋은 별개이며, 어쩌다 경험적 차원에서 이 세 가지가 뒤섞였다 하더라도 그렇게 취급되어야 한다. 게다가 우리 사회에서도 이 세 가지가 늘 함께 발생하지 않는다는 점을 볼 때,

셋을 구별하지 않는 일은 두 배로 용납될 수 없다. 우리 사회의 모든 토착민은, 더구나 그가 사회학자라면, 자신의 일반적인 경험을 통해 이 세 가지가 다르다고 배운다. 같은 가정 내에서 태어났다고 해서 상속자의 자격이 주어지는 것은 아니며, 지위 계승자의 자격은 더더욱 그렇다.

가정 내의 모든 아이가 동등한 자산의 수혜를 누린다고 여기며 모두를 상속자로 보는 건 오산이다. 대물림에 대해서 이야기한다는 건 혜택과 불평등에 기반한 체계—그저 기반한 정도가 아니기에 반드시 이 가능성을 검토해야 한다—에 대해서 이야기하는 것이다. 예를 들어 재산 상속에서 대부분의 딸이 완전히 배제되는 것은 이 체계의 주요한 특징이며 이는 이미 저술들을 통해서도 잘 알려진 바 있다(Bourdieu 1972). 그럼에도 이들은 문화적 '상속자들' 간의 차이, 특히나 성별에 따라 나타나는 차이가 혈연 집단인 가족 바깥의 사회에서 생겨나는 '일반적인' 과정인 듯 취급하고 어떤 경우에도 사실상 이를 유발하는 제도인 '상속'의 논리와 연관 짓지 않는다.

그러나 앞선 저자들이 알고 또 연구한 체계 속에서는 딸들 그리고 장남이 아닌 아들 대부분에게서 상속권이 박탈되어 있다. 상속이 아버지의 위치를 물려받는 주된 방법일 때, 상속자가 아닌 딸과 남자 동생들이 계승자가 될 리는 더더욱 없다. 농촌 사회 연구에서 비계승자와 비상속자는 당연한 듯 동일하게 취급된다. 또한 우리는 재산 분배를 균등하게 하는 체계에서라면 모든 자식이 완전히 평등하리라고 결론 내린다. 그러나 이는 사실이 아니며, 아버지의 지위가 자식에게로 전승되는 현상에 관심을 기울이지 않았기 때문에 도출된 명제다.

　　이 부분에 관심을 둔다면, 곧바로 눈에 띄는 사실이 있을 것이다. 재산 분배가 균등하건 그렇지 않건, 아버지가 점한 사회적 위치는 한 개라는 점이다. 이 위치는 자식들에게 나누어줄 수 있는 성질의 것인가? 나누어진다면 이 지위는 더는 이전의 지위와 같지 않을 것이고, '구체적인' 지위를 전승하는 것과 전체의 일부를 나누어 받는 일 간에는 논리적인 양립 불가능성이 존재한다. 더하여, 자기 고유의 위치를 물려주는 행위는 아버지가 '자신의' 지위를 전달하거나 자신의 것과 '동일한' 혹은 같지는 않으나 '유사한'

지위를 전달하는 유일한 방편인가?

우리는 한 체계 내에서 지위의 전승이 어떻게 이루어지는지 혹은 한 아버지와 하나의 위치에 여러 명의 자식이 있는 경우 어떤 양상이 나타나는지에 대한 질문을 살펴보았다. 구체적으로는 노르망디 지역의 작은 숲속 마을에서 진행한 연구에서, 농업체계와 관련해 이 주제를 다루었다(Delphy 1976).

이 마을에서 상속은 평등하게 이루어진다. 최소한 이론적으로 재산은 딸을 포함한 자식 모두에게 공평하게 나누어진다. 하지만 아버지가 가진 바로 그 위치, 농장의 소작인이라는 자리는 그 자체로 단 한 명에게만 계승된다. 따라서 이 경우, 상속이 지위 전달을 위한 주요한 수단이 아님은 명백하다. 지위를 물려주는 규칙과 재산을 상속하는 규칙은 독립적일 뿐 아니라 '반대로도' 작동할 수 있으며, 여기에서는 실제로 그렇게 작용한다.

이 두 규칙이 하나라는 가정은 명백하게도 거짓이다. 사회역사학자들이 주로 전제하는, 상속자가 누구인지 알면 계승자를 알 수 있다는 믿음은 아무리 암묵적으로도 인정되기 어렵다(Leroy-Ladurie 1972, Hab-bakuk 1968).

노르망디에서 지위는 재산 상속으로 대물림되는 것이 아니며 재산의 소유가 지위를 결정하지도 않는다. 뒤의 사실은 물론 앞의 현상을 설명해준다. 사실 이 지역의 농부들은 임차 소작인이다. 그들의 지위는 임차계약으로 법적 차원에서 구체화되어 있다. 아버지는 계승자에게 이 임차계약을 넘김으로써 법적으로 자영농에 해당하는 자신의 지위를 전달하고, 구체적인 사회적 지위의 원천인 주요 농작지를 넘긴다. 이때, 재산분배는 계승의 단일성과 양립할 수 있다. 노르망디의 방식을 베아른 지역을 비롯한 다른 곳들의 방식과 비교해보면, 재산의 분배에서 차이가 난다는 점을 알 수 있다. 베아른 체계는 딸과 장남 아닌 아들을 전부 상속에서 배제하고 '장남'에게만 이익을 준다. 그러나 노르망디 체계와 베아른 체계는 다른 측면, 즉 계승의 단일성에서는 수렴한다. 최소한 두 체계에서 공통적이라고 할 수 있는 이부분이 프랑스 전역에서 일반적이라고 볼여지는 충분하다. 이처럼 상속 규칙이 다양한 데 반해 계승 규칙은 상대적으로 보편적이며, 이 보편성은 계승을 주요하고 우선적인 제도로 여기고 상속과 그 다양한 형태를 부차적으로 여기도록 한다.

따라서 상속의 규칙은 계승 규칙이 그 작동을 막지 않는 한 계승 규칙과 구분되지 않는다는 가설을 세워볼 수 있다. 더 자세히 말하면, 재산의 분배는 계승의 단일성을 위태롭게 하지 않는 선에서만 평등주의적이다. 이는 노르망디에서처럼 아버지의 위치를 계승하는 일이 재산의 상속을 통해 이루어지지 않을 때에만 가능하다.

그러나 이 가설은 전부를 내버리지는 않으면서 수정될 필요가 있다. 설령 대물림에서 평등이 가능해졌다고 하더라도 이는 보장되지 않고, 계승 체계가 평등을 강제하는 건 더 어렵다. 상속은 계승만큼이나 불평등할 수 있다.(설령 규범적으로 평등하다 하더라도 실제로는 평등과 완전히 동떨어져 있다.) 이는 상속의 평등 혹은 비-평등이 외적인 사실 정보(영농이냐 소작이냐)로 그 차이가 결정되는, 유일한 목적인 계승의 단일성을 위한 서로 다른 수단이라는 사실을 고려할 여지를 차단한다. 게다가 상속의 평등 혹은 비-평등은 지역 체계 내 다양한 계층과 하위 계층에서 비계승자의 위치를 결정짓는 데 핵심적인 사건으로 작용하게 된다. 우리는 이 점을 살펴볼 것이다.

　계승은 분명 자식의 지위를 결정하는 근본적인 요소다. 그러나 복수의 자식 가운데 한 명만이 아버지의 위치를 물려받는다. 그렇다면 비계승자에게는 어떤 일이 벌어지는가? 우선 비계승자의 두 가지 범주, 즉 딸과 아들을 구별해야 한다. 이들에게는 서로 다른 운명이 주어지기 때문이다. 아버지를 계승하지 못해서 제 위치를 얻지 못한 소작농가 남자아이의 지위는 어떻게 될까? 이들 중 공동체(마을과 주변 지역)에 남아 계속해서 농업을 이어가는 경우만을 살펴보면, 놀랍게도 이들이 계승자인 형제, 즉 사실상으로는 그 아버지의 위치보다 '열등한' 위치를 점하게 된다는 사실이 발견된다.

우선 비계승자인 형제들은 계승자인 형제에게는 애초에 '주어진' 명목상 사용자의 위치를 천천히 그리고 고통스럽게 '획득해'가야만 한다. 이들의 여정은 길고 고되다. 계승자인 형제만큼 자리 잡기 위해서 그 배의 시간을 들여야 하고, 그럼에도 그 절반밖에 되지 않는 농지를 경작하게 된다. 그들은 형제와 비교해 경제적인 측면에서 명백하게 불리한 상황에 놓인다. 분석상의 필요로 공동체 내 농부들을 '대농' '소농'이라고 간략히 일컬어보면, 대농의 아이들 가운데 계승자가 되지 못한 이들은 소농이 된다. 그러니 소농이라는 집단에는 두 인구 집단이 섞여 있는 셈이다. 하나는 '소농'의 계승자, 다른 하나는 '대농'의 비계승자다. 분명한 사실은 이 인구 구성이 양쪽 모두 대물림을 원칙으로 하고 있다는 점이다.

'소농' 부자간의 '유사성'을 낳는 절차는 '대농' 아버지와 그의 비계승자인 '소농' 아들 간의 '차이'도 만들어낸다. 이때 비계승자가 아버지의 위치를 '이어감'으로써 소농이 된 것이 아니므로 이들을 소농으로 만든 건 대물림이 아니라고 반박할 수 있다. 하지

제도화된 수령들

만 대물림에 대한 이 부분적이고 편파적인 시각을 담은 주장은 앞서 비판했으며, 아래의 두 이유에 따라 쉽게 논박할 수 있다.

우선, 대물림에 대해 이야기할 때 대상을 그 계승자만으로 한정하고 비계승자를 무시할 수는 없다. 계승자의 존재는 비계승자의 존재를 함축하고 있다. 대물림은 이 상보적인 두 위치의 합으로, 하나는 다른 하나 없이 존재 불가능하다. 더 나아가 대물림은 이 두 위치를 만들고 그 차이를 만드는 움직임 즉 차별화의 과정이다. 그리고 대부분의 아이가 비계승자가 되는 건 아버지의 경작지 전체를 그들 중 한 명이 계승하기 위해 치르는 가장 구체적이고 경제적인 의미의 대가다. 상속의 평등 혹은 비-평등 여부는 아버지의 위치를 계승하지 못한 이들에게 분명 매우 다른 상황을 초래하며, 이는 계승의 일관성이라는 상수에도 불구하고 그런 것이 아니라 바로 그 때문에 일어나는 사건이다. 우리는 아버지가 점한 고유의 위치가 한 아들에게만 온전히 상속되고, 공동체에 남아 있는 형제들은 '자영농'이라는 명목상 농부의 지위를 가지는 경우를 살펴보았다. 그런데 베아른 체계 공동체에서는 비계승자 개인들의 상황이 매우 달라진다.

　　노르망디에서 계승의 양태[5]와 상속의 평등 그리고 자산 구조는 한 명 이상의 아들에게 자부담 정착을 가능케 하고 자영농이라는 지위를 허락해준다. 하지만 계승자들이 노력만으로 '사용자'가 될 수 있는 것은 아니다. 여기에는 아버지의 도움이 필요하다.(농장 노동자의 아들은 사용자가 될 수 없다.) 그러나 똑같은 개인들이 베아른 지역의 체계 내에 있다고 한다면 어떤 일이 벌어질까? 자부담 정착의 가능성은 거부당하며, '동생cadet'[6]으로 남아 있을 수밖에 없게 된다. 아버지가 계승받는 형제에게 재산을 귀속하므로 비계승자 형제는 임금을 받지 않고 집에 남아, 결혼하지 못하고 사는 것이다.

따라서 노르망디의 동생이 자립적인 지위를 유지하는 게 단순히 대물림 이외의 요소 때문만이 아님을 알 수 있다. 같은 동생이라 하더라도 다른 대물림 체계 내에 있다면, 자립과 반대되는 '의존적' 지위에 머물게 되기 때문이다. 더구나 비계승자들은 단순히 대물림 바깥으로 배제되는 것이 아니라, 대물림에 의해서 특정한 위치에 배치된다. 노르망디 지역에서 '동생'은 계승자보다 불리한 위치에 놓이지만 그럼에도 불구하고 독립적이다.

노르망디에서 동생들이 겪는 상황의 경우, 독립적인 지위나 아버지와 계승자 형제보다 낮아지는 계급 둘 중 어느 쪽을 우선시해도 된다. 이 계급 추락은 노르망디와 베아른 지역의 동생 모두에게서 나타난다. 그러나 독립적인 지위의 소유 여부가 이들을 근본적으로 달라지게 한다. 먼저 이 차이를 제대로 이해해야 한다. 고향을 떠날 가능성 등의 모든 '외부' 요인이 동일할 때 (달리 반증되지 않는다면) 두 상속 체계 간의 차이가 여기에서 비롯되기 때문이다.

노르망디의 대물림은 동생들에게 '절대적으로' 불리하기만 한 것은 아니다. 분명히 불리하기는 하지만, 이는 일정 한도 내에

제도화된 수렁들

서 정확한 수준으로 이루어지며 베아른 체계보다는 덜 불리하다. 이 사실은 반대로 베아른 지역에서 동생을 대하는 방식은 단순히 대물림 체계로부터의 순수하고 단순한 배제에 그치지 않으며, 이들을 극단적으로 (최소한 노르망디보다는 더 공공연하게) 불리하게 대하고 이 불리를 '세습한다'는 걸 보여준다.

노르망디 지역의 동생들이 겪는 불리에서는 불리 그 이상을 보아야 한다. 그들이 베아른 지방의 동생에 비해서 누리는 혜택은 그 불리만큼이나 노르망디 체계의 특징을 만들어낸다.

이렇듯 비계승자의 운명은 상속 체계에 따라서 달라지는데, 이는 그들의 운명이 아버지의 위치를 대물림하는 문제의 일부라는 사실의 틀림없는 증거가 된다. 대물림은 부자간 그리고 형제지간의 유사점과 차이점 둘 다에 관여한다. 대물림은 '안정성'의 요소일 뿐 아니라 이동성의 요소이며, 이 경우에는 하강 이동성에 해당한다.

　　대물림은 하강 이동을 결정하고 비계승자를 계승자보다 열등한 위치에 놓는다. 하지만 노르망디와 베아른의 막내를 비교함으로써 알 수 있는 사실은, 그들이 '아무' 아래 위치에나 놓이지 않는다는 점이다. 노르망디의 경우, 상속자가 아닌 아들들은 모든 면에서 열악하지만 아버지와 공식적으로는 유사한 독립적인 지위를 가진다. 그러나 베아른의 경우는 동생들이 과연 '위치'라고 불릴 만한 것을 가지는지가 불명확하다. 이들의 직업적 지위는 무엇인가? 이들은 자영업

자가 아니다. 이 점은 농장의 노동자도 마찬
가지다. 그러나 임금을 받지 않기 때문에 이
들은 노동자라고도 할 수 없다. 그들은 법률
적, 직업적인 측면에서 '가정부'에 해당한다.
이 직업의 이름에 '가정'이라는 단어가 포함
된 건 우연이 아니다. 이 지위는 모든 측면에
서 (산업 재해 보장에 해당하는 경우를 제외
하고) 가장의 '피부양자'나 가장에게 '의존'
하는 사람과 동일하다. 이들의 지위는 가정,
즉 '가장'과의 결합으로 정의된다. 그리고 이
가장의 지위는 그 가족의 지위를 규정한다.
이 말은 이들이 사회적 집단의 범주 내에서
'개인적인' 위치를 가지고 있지 않으며, 따라
서 사회적 집단 가운데 하나에 속할 수 없음
을 뜻한다.

　　　이 상태가 이들의 지위를 정의하고

구성하며, 그 지위는 바로 '고유한 지위 없음'이라 말할 수 있다.

이 사실은 아버지의 위치를 나누는 가능성 그리고 아버지가 자신의 것이 아닌 그와 유사한 지위를 전달하는 가능성에 관련된 질문을 조명한다. 노르망디 체계에서, 아버지 자신의 위치는 나누어지지 않는다. 아버지의 위치는 한 명에게만 귀속되고 나머지는 그보다 낮은 위치를 가질 수밖에 없다. 그러나 그들의 지위를 부르는 명칭 자체는 아버지의 지위를 부르는 명칭과 크게 구분되지 않는다. 정도에서는 열등하지만 공식적으로는 사용자라는 면에서 동일하고, 본질적으로는 독립되었다는 면에서 유사하다. 반면 베아른 체계 속에서는 아버지와 장남 대 동생들 사이에 근본적인 단절이 존재

제도화된 수령들

하며, 각 측의 지위 사이에는 연속성이 없다. 극단적으로 단순하게 말하자면, 전자에서 '지위'는 비록 무척 불평등한 방식이지만 공유된다. 그리고 지위는 나누어지지 않는 '위치'와 구별된다. 반면 후자에서는 지위와 위치가 하나이며 따라서 공유될 수 없다.

무엇보다도 이러한 사실은 대물림이 개인을 다양한 계급 및 하위 계급에 배치하는 데 그치지 않고, 동생과 같이 지위 외부에 놓인 개인의 범주를 만들면서 각 계급의 구성에 직접적으로 관여한다는 가설을 고려할 수 있도록 한다.

대물림과 계급 내부의 구성

'계급'과 '사회 집단'이라는 용어는 상호 호환 가능한 방식으로 사용되는 일이 잦다. 그리고 이 두 용어는 개인의 위치의 총합과 넓은 범위의 사회적 환경을 모두 함축한다. 엄밀한 의미에서 '농민 계급'이라는 단어는 농부라는 직업을 가진 개인의 위치 전체를 일컫고, '노동 계급'은 모든 노동자의 위치를 포괄한다.

그러나, 모두가 알고 있듯 노동 계급에는 오로지 노동자만으로 설명되지 않는 많은 개인이 포함되어 있다. 농민 계급에도 농장주만이 포함되는 건 아니라는 사실은 말할 필요도 없다. 각각의 계층에는 이 계층을 정의하는 위치를 가진 개인들과, 다른 한

제도화된 수렁들

편으로 같은 위치의 '비-소지자'(여기에서는 우선 이렇게 명명하겠다)라고 불리는 개인들이 포함되어 있다.

　　동일한 용어로 넓은 집단과 이를 정의하는 위치들의 총합 모두를 지칭하면, 우선 한쪽이 다른 쪽보다 수적으로 훨씬 제한적인 서로 다른 두 개의 사회적 총체를 혼동하는 결과를 낳는다. 또한 그렇게 하면 '위치'를 점한 집단의 구성원, 따라서 엄밀한 의미에서 계급의 구성원인 이들과 그렇지 않은 이들 간의 차이를 가리게 된다. 한 계급 내에 이렇게 두 집단에 속한 개인들이 존재하고 있음은 전혀 인정된 바 없다.(하위 계급이라는 개념은 완전히 다른 현실을 일컫는다.) 계급을 베버의 방식대로 광범위하게 수용한 결과, 계급 안에 위치보다 더 많은 개

인이 포함된다는 문제는 제기되지 않은 채
남았다. 그리고 이 비-소지자의 존재는 사회
학자들에게 무시되지만 명백히 사회학적인
문제를 제기한다. 그들의 지위는 무엇인가?
그리고 무엇보다, 비-소지자란 누구인가?
성인에 한정해서 말하자면 그들은 주로(베
아른 지방의 '동생'과 같은 경우를 보자면 반
드시는 아니다) 아내다. 아내들은 가정 밖에
서 일하지 않을 때 남편의 계급에 결합—사
회학 이론뿐 아니라 자발적 사회학에서도—
되며, 고유의 위치를 갖지 않는다.(한편 이
사실은 특정한 유형의 노동만이 개인에게
고유한 위치를 준다는 것을 드러내기도 한
다.) 그런데 여성들이 집 밖에서 일을 함으
로써 고유의 위치를 가지고 있을 때도 마찬
가지다. 이 지점에서 아내들은 남자 동생들

제도화된 수렁들

과 달라진다. 왜냐하면 아내들은 그저 사실상의 비-소지자로만 취급되는 것이 아니라 법률적으로도 그렇게 구분되기 때문이다. 아내라는 지위는 비-소지자라는 지위를 '초래한다'.

하지만 아내가 비-소지자의 지위를 자동적으로 할당받음으로써 남편의 계급에 속하는 일은 바로 이 지위를 감추는 기이한 효과를 낳는다. 이렇게 남편의 계급에 결합된 아내는 마치 남편이 계급에 속한 것과 같은 방식으로 계급에 속한 것처럼 다루어진다. 간추리자면, 우리는 마치 이 여성들이 남편을 따라서 특정한 위치를 얻게 되는 듯이 다루지만 여성들이 남편의 계층에 결합하게 된 과정은 정확히 반대를 전제한다. 바로 자신의 위치를 소지하지 못했다는 사실이다.

이런 눈속임이 밝혀지고 계급 소속의 두 가지 서로 다른 양태가 드러나면, 이 이분법이 대물림과 명백하게 관련되어 있음을 볼 수 있다. 앞서 언급한 노르망디 지역의 마을에서, 모든 아들이 계승자는 아니지만 모든 계승자는 아들이다. 딸들은 비록 유산 상속에서 제외되지 않더라도 계승으로부터 철저히 배제된다.

아내가 영입되는 곳은 바로 이 비-계승자 범주다. 그러나 비계승자라는 특질만이 딸을 잠재적인 아내로 만들어내는 것은 아니다. 이 특질은 아내가 되지 않는 여러 아들에게도 해당하기 때문이다. 하지만 이 지점에서 두 제도가 결합한다. 순수한 대물림 제도와 가족 제도다. 전자는 사실 후자의 일부를 구성할 뿐이다. 순수한 대물림 제도는

제도화된 수렁들

노르망디 지역의 딸들이 마찬가지로 비계승
자인 아들들에게는 부여되는 독립적인 지위
에 접근할 가능성을 차단한다. 딸들은 '자영
업자가 될 수 없다'. 딸들은 결국 '의존하는'
가정부로서 지역에 남아 있을 수밖에 없다.
이들의 상황과 베아른 지역 남자 동생의 상
황은 놀랍도록 유사하다. 그러나 이 유사성
은 여기에서 그친다. 이 지점에서는 대물림
도 역할을 그치고 가족 제도, 즉 결혼 규칙이
역할을 이어받기 때문이다. 사실 딸은 독신
인 한 어떤 것도 '소유할' 수 없다. 반면 결혼
을 하면서 일정한 편익을 얻을 수 있다. 그러
나 결혼과 동시에 딸은 임대차 계약서, 토지,
가축 등의 편익을 남편에게 '가지고 온다'.
그리고 결혼하는 순간부터 딸은 자산을 사
적으로 소유하고 처분할 수 없을뿐더러, 법

에 의해 고유한 위치를 가질 수도 자신의 노동력을 처분할 수도 없다.

　　이처럼 딸은 '사실상으로' 물질적인 수단을 가질 수 없고 사용자가 될 수 없다. 그리고 여성—즉 아내—은 '법적으로' 그러하다. 여성이 결혼하면서 남편의 농지를 나눠 받을 수는 있지만, 결혼했다는 바로 그 이유로 이 농지는 그의 소유가 될 수 없다. 여기서 아내의 지위는 베아른 지역 막내의 그것과 차이를 보임으로써 후자의 지위를 드러내준다. 왜냐하면 남편의 지위는 분명 아내의 지위의 반대, 그를 보충하는 파생 명제이기 때문이다. 베아른 지역의 동생은 독신으로 살게 된다. 그 이유는 무척이나 간단하다. 남편과 사용자(착취자)는 동의어이기 때문이다. 동생에게는 이미 정의상의 남편—

　　　　　　　　제도화된 수령들

즉 장남―이 있으므로 남편이 둘이 될 수 없다. 사용자의 아내가 다른 아내를 얻을 수 없는 것과 마찬가지로 동생은 결혼할 수 없다. 이곳에서 동생은 독신이기 때문에 동생인 것이 아니라, 동생이기 때문에 독신이다. 정의상으로 말하자면 비-남편이 되는 것이다.

아버지와 어머니가 처한 상황, 남편과 아내가 처한 상황을 일반 사회학에서는 '성의 범주'라 부르고 가족사회학에서는 '역할'이라 부른다. 그러나 명백히 보았듯 성의 범주는 계급의 범주이고, 더 구체적으로는 계급 내 지위의 범주다.

가족 제도에는 공시적인 차원이 있다. 이 제도가 가족 '역할'을 만들어낸다는 점이다. 또한 통시적인 차원도 존재한다. 대물림 제도를 통해, 가족 제도는 이러한 가족

'역할' 중 하나인 비계승자의 범주를 만들어 낸다. 그리고 이러한 가족 역할은 다시 대물림에 반영된다. 이 모든 논의는 '부부'가 하나의 지위만을 물려줄 수 있다는 가설과 현실에 기초하고 있다. 그리고 그 지위는 항상 '아버지'의 것이다. 자식을 가진 부부에게 하나의 위치만이 존재하는 이유는 아내는 가지고 있는 위치가 없으므로 물려줄 것도 없기 때문이다.

이처럼 현실적으로, 즉 대물림을 '총체적으로' 고려하면, 우리는 더는 대물림에 하나의 역할만을 부여할 수 없게 된다. 지금까지 우리는 대체로 대물림에서 하나의 역할만을 보려 해왔다. 하지만 대물림은 주어진 계급에 속하는 사람뿐 아니라 계급에 속하지 않는 사람에게도 적용된다. 가족 제도

제도화된 수령들

의 일부인 대물림은 가족 제도와 마찬가지로 위계적이다. 대물림은 모부와 자식 간의 유사성뿐 아니라 두 가지 차이점도 만들어 낸다. 바로 모부와 자식 간의 차이 그리고 자식들 간의 차이다. 사회적인 관성, 더 정확히는 고전적인 의미의 '위치의 대물림'과는 거리가 먼 요소로서 대물림은 '비-대물림' 혹은 이동의 요인이기도 하다. 대물림으로 인해서 어떤 자식은 아버지의 위치를 획득하게 되고 다른 자식은 그로부터 배제된다. 그리고 전자의 결과는 후자의 대가가 있어야만 얻어진다. 대물림은 같은 계급에서 태어난 자식들을 다른 계급과 하위 계급에 배분한다.

그러나 대물림의 행위는 여기에서 그치지 않고 비계승자(계승자 집단을 만들기 위한 필수 조건)를 집단적으로 생산한다. 뒤를 이어 공시적인 가족 제도가 이 비계승자의 일부를 '아내'로 전환시키며, 각각의 계급 내에 '비-소지자' 범주('성별 범주')를 만든다.

대물림은 보편적으로 자연 현상처럼 간주된다. 상호적으로 아버지의 위치를 자식이 차지하는 행위는 안정성으로 평가된다. 대물림은 따라서 이중으로 관성적이다. 하나는 '자연'적인 상태로서, 다른 하나는 '움직임이 없는' 상태로서 그렇다. 이는 뒤이은 절차가 부재하게끔 이끄는, 절차가 부재한 상태로 이해된다.

그러나 대물림이 사회적 현상이라는 점은 명백하다. 대물림이 사회의 새로운 구성원을 영입하는 방식이기 때문이다. 영입

제도화된 수령들

방식으로서 대물림은 반드시 행위를 필요로 하며 따라서 대물림이 '절차'라는 점 역시도 명백하다. 그러므로 자식이 아버지의 위치를 점하는 것은 그 자체로 '움직임'이다. 이때 대물림이 발휘하는 또 다른 효과는 앞서 언급한 움직임과 대립하는 성격의 것으로, 자식들을 아버지의 위치로부터 배제하는 것이다. 이 두 효과는 서로 연관되는데, 모두 대물림의 효과이기 때문일 뿐만 아니라 후자가 대물림의 '고전적인' 효과인 전자의 조건이라는 점에서 그렇다. 대물림은 하나의 움직임에서 생겨나는 불가분의 두 가지 효과의 총체다.

그러므로 우리는 사회적 위치의 대물림을 설명할 때 '안정성'이라는 용어를 지양해야 한다. 또한 대물림이라는 명칭을 그 두 효과 중 하나로 한정하지도 말아야 한다.

　　결론적으로, 대물림은 계급이 만들어지는 방식이나 계급 간 개인들의 움직임에만 영향을 미치는 게 아니라 계급 자체의 구성에 작용한다. 바로 계급 '내부에' 존재하는 서로 다른 대립된 범주와 지위의 존재 및 그 생성에 관여하는 것이다.

제도화된 수령들

주

1   원제 'transmission héréditaire'는 현재는 유전형질의
상속을 가리키는 말로 더 널리 쓰인다. 그러나 생물학 분야에서
쓰이기 이전 이 단어는 영지, 작위, 공직 등의 대물림을
일컫는 일종의 법적 용어였다. 여기에서는 크리스틴 델피가
농촌 연구로 여성학 연구를 시작한 배경 및 자연과 사회의
구분에 대해 갖는 문제 제기를 드러내기 위하여 '대물림'으로
번역했다.—옮긴이

2   『프랑스 민족학Ethnologie française』특별호는 노르망디의
마을 샤르도네레의 상속에 대해 다루고 있다. 이 연구의
경험적 대상은 가족 내에서 이루어지는 과정인데, 이 사실을
특별히 언급하고 있지 않으나 사실 그럴 필요도 없다. 이미
'물려주기'라는 단어가 들어가 있기 때문이다.

3   "모든 것이 우연적으로 일어나는 세상에서 기능의 대물림은
자동적으로 일어난다"라는, 엥겔스의 경악할 만한 견해를
어떻게 설명할 것인가?(『반뒤링론Anti-Dühring』, 212쪽)

4   가령 마르크스는 역사적으로는 이행적이지만 경제적으로는
특정한 이 상황을 가치에 대한 몰역사적인 이론을 구성하기
위한 영점으로 활용한다(『자본』).

5   여기에서 설명하기에는 너무 복잡하지만 이전에 '회전지
제도'라고 부른 바 있다.

6   여기서는 유산 상속을 받지 못한 아들을 부르는 사회학적
의미를 담아 '동생'이라고 부른다. 노르망디의 경우는
생물학적으로 늦게 태어난 자식을 우대하는 구습에 의해서
대부분 장자가 여기 해당한다[『손아래 권리droit de
maineté』(Gilissen 1959) 참조]. 반면 남쪽 지역에서는
후계자의 특권으로 장자의 권리가 우세하며 심지어 아버지는
아들 중 누군가를 '장자로 만들' 권리가 있다.

유산 상속   93

결혼과 이혼

공공연한
여성 지위 박탈

오늘날까지 이혼을 다룬 모든 연구에서, 이혼은 개별적 이혼 사례의 총합으로 나타날 뿐 별도로 정의되지 않았다. 이혼에 대한 사회학적인 정의와 의미가 이미 주어져 있다고 여겨지기 때문일 것이다. 결혼의 붕괴이자 실패가 바로 그것이다. 이 표현은 이혼 당사자들이 쓰는 용어이면서, 사회학자들이 암묵적으로 채택한 문제의식이기도 하다. 설령 사회학자들이 '붕괴'나 '실패' 같은 감정적인 표현이나 가치평가를 자제하려는 것처럼 보인다 해도(심지어 늘 그렇지도 않다), 이들은 이혼이 결혼의 끝, 취소, 혹은 결혼의 반대 항으로 정의되기에 충분하다고 생각한다. 또한 많은 경우, 이혼의 개인적인 경위가 관심의 대상이 되어왔다. 물론 사회학자들이 이혼 주체들이 그것을 선택한 이유나 그

이 글은 "결혼과 이혼, 두 얼굴을 한 막다른 골목"이라는 제목으로 *Les temps modernes*(1974.5)에 발표되었다.

들의 심리적인 '동기'에만 관심을 가지는 것은 아니다. 이들은 보다 객관적인 정보, 즉 교육 수준이나 출신 계급 같은 사회적 특질에도 주목한다. 그러나 언제나 관심의 중심이 되는 것은 '부부'라는 개인 간 결합이다. 이러한 방법론을 통해 밝혀낼 수 있는 것은 이혼한 부부 및 개인 그리고 이혼하지 않은 부부 및 개인 사이의 차이점(차이의 실재 여부는 차치하고라도)이다. 그러나 이를 알아냄으로써 우리가 이혼이라는 제도에 대해서 무엇을 이해할 수 있는가? 아무것도 이해할 수 없다. 이혼이라는 제도를 연구하기 위해서는 우선 이혼을 제도로 정의하고, 이 단어를 다발적으로 일어나는 개별의 사건을 통칭하는 용어로 쓰지 말아야만 한다. 결혼에 대해서도 같은 접근 방식을 택한다면—안타

제도화된 수렁들

깝게도 인류학자들과는 달리 사회학자들은 그렇게 한다—우리는 결혼한 개인과 결혼하지 않은 개인 간의 차이를 살피고 발견하게 될 것이다. 그런데 개인들이 결혼으로 들어가기 위해서는 결혼이라는 제도가 현존해야 하고 행위가 일어나기 이전에 존재했어야 한다. 그러나 결혼으로의 입장도, 이로부터의 퇴장도, 사회학자들의 관련 연구도 결혼이라는 제도와 그 기능, 그 존재 여부를 우리에게 알려주지 않는다. 결혼은 분명 제도다. 그렇다면 이혼도 그러하다. 이 제도는 규칙을 따르며, 법전화되었고, 사회적인 규범과 형법상의 통제 대상이다. 그리고 이혼은 결혼이라는 제도와 유기적으로 연결되어 있다. 오래된 미국 영화[1]를 보면 자신이 머물고 있는 나라에서 주된 이혼 동기가 무엇이

냐고 묻는 여자 주인공에게 변호사는 '결혼'이라고 답한다. 그러나 이혼의 필수적인 조건(그리고 영화 속 농담에 따르면 충분조건) 그 이상인 결혼은, 제도적인 차원에서 이혼과 반대되지 않는다.

이혼은 개인 간 연합으로서의 결혼의 끝일 수는 있겠지만, 절대 제도로서의 결혼의 끝은 아니다. 이혼은 결혼을 파괴하려고 만들어진 것이 아니다. 결혼이 존재하지 않는다면 이혼은 필요 없기 때문이다. 따라서, 많은 저자가 이미 보여주었듯, 빈번한 이혼조차도 결혼 제도가 위태롭다는 신호가 아니라 오히려 제도의 번영을 드러내는 신호다. 여기에서 더 나아가본다면 이혼이 결혼의 제도적인 측면을 드러내고, 이를 증명하며, 잠재적인 상태일 뿐이었던 이 측면을 실

행에 옮긴다고도 할 수 있다. 또한 결혼 제도
는 어떤 면에서는 이혼 상태로 인해 조명된
다. 혹은 반대로 이혼이 결혼으로 인해서 조
명된다고 할 수도 있다. 결혼 상태의 특정한
측면은 이혼이라는 제도를 밝히고 특히 이
혼이라는 상태 속에서 영속한다. 그러나 결
혼은, 누구나 알듯 다목적의 제도다. 사회학
적으로 말하자면 다수의 기능을 가진다고
할 수 있다. 따라서 우리가 어떤 제도적 측면
과 기능에 대해서 말하고 있는지를 확실히
할 필요가 있다. 우리는 결혼의 경제적인 측
면으로 논의를 한정하고, 이해한 바를 요약
하기 위해 작업의 출발 가설이 되는 이론을
간추리고, 뒤이어 이론에 담긴 주요 가설을
드러낼 것이다. 이 이론에 따르면 결혼은 인
구 집단 중 하나인 여성-배우자, 즉 아내의

무상 노동을 갈취할 수 있도록 하는 제도다. 이 노동은 무료이며, 그 이유는 임금 대신 부양만이 존재하기 때문이다. 노동의 판매(임금)와 상품의 판매로 정의되는 이 사회에서, 아내라는 특정한 생산 관계는 제공하는 노동의 속성에 따라 결정되지 않는다. 이 관계는 가사노동의 생산이나 아동 양육에 한정되지 않고, 여성(과 아동도 포함한다)이 가정 내에서 이행하는 모든 생산을 포괄한다. 여성은 장인, 상인, 농부의 아내인 경우 가내공업, 상업, 농업 생산을, 의사, 변호사 등의 아내일 경우 다양한 전문직 서비스를 수행한다. 1970년 프랑스에서 성인 여성 열 명 중 한 명은 공식적으로 봉급 없이 일하는 '가정부'에 해당했다.

그런데 여성에 의해서 만들어지는 가

제도화된 수렁들

정 내 재화와 서비스는 가정 내에서 생산되고 소비되는 다른 재화나 서비스와 성격이 다르지 않다. 자가소비를 하기 위한 음식을 예로 떠올려보라. 이 재화와 서비스들은 그것이 가정 내 노동이 아닌 경우 생산적인 것으로 취급된다. 이 말은 국내총생산으로 집계되어 가치를 갖는다는 뜻이다.

결론적으로 가정 내 서비스는 아내에 의해 결혼이라는 틀 안에서 생산되지 않는다면 시장에서 구매할 수 있다. 즉, 가치를 지닌다.

가사노동—이 특유의 생산 관계—의 무료라는 특질은 그 노동의 속성과 무관하다. 여성이 가정 바깥에서 같은 일을 하는 경우 보상을 얻기 때문이다. 똑같은 노동이라도 여성이 결혼 관계에 있지 않은 개인에게

제공하는 순간 노동은 가치를 지니고 유료
화된다.

　　　결론을 내리자면, 이러한 노동의 무-
가치성은 결혼 관계로 인해 제도적으로 발
생하며, 결혼 계약은 곧 노동 계약이다. 더
구체적으로는 가장인 남편이 가정 내에서
일어나는 노동 전체를 전유할 수 있도록 하
는 계약이다. 남편은 가내공업이나 상업의
경우처럼 모든 노동을 마치 자신의 소유인
양 시장에 내다 팔 수 있게 된다. 이와 반대
로 아내의 노동은 시장에 도달할 수 없으므
로 가치를 지니지 못하는데, 그 이유는 자신
의 노동력이 남편에 의해서 전유되는 계약
을 맺었기 때문이다. 그러나 기혼 여성 가운
데 삼 분의 일가량은 가정 밖에서도 일을 한
다. 이는 산업 생산과 이에 따른 임금노동이

확대되고 가정 내 생산, 가내공업, 상업 활동
이 줄어드는 경향과 궤를 같이한다. (시장에
서의) 교환을 목적으로 하는 생산이 가정 바
깥에서 임금노동의 양태로 이루어지게 되고
남성이 가내에서 생산한 상품이 아닌 자신
의 노동력을 팔게 되면, 여성의 무료 노동은
더는 상품 생산에 포함되지 않는다. 이 경우
여성의 노동은 자가소비를 위한 생산, 즉 가
정 내 서비스와 아동 양육에 활용된다.

　　　아내는 가정 바깥에서 노동을 하더라
도 가사노동을 해야만 한다. 이 경우 그들의
노동력은 일부 임금노동에 쓰이므로 전부
전유되지는 않는 것처럼 보인다. 하지만 이
들은 일을 하는 동시에 스스로를 부양한다.
다소 부정적으로 결혼 계약을 가사노동과
부양을 교환하기 위한 일종의 '교환' 계약이

라고 본다 해도, 여성들이 스스로 생계를 꾸려가게 되면 이 환상도 사라진다. 무료라는 가사노동의 성격은 이로써 감추어지기는커녕 더욱 두드러진다.

그러나 실제로는 여성의 유급 노동 여부가 전유의 방식을 결정하는 듯 보인다. 첫 번째 방식에서는, 노동력을 전부 전유당하면서 여성이 맡는 노동의 성격이 규정된다. 남편이 의사라면 아내는 손님을 응대할 것이고 남편이 정비공이라면 아내는 계산서를 작성할 것이다. 또한 아내가 일하는 생산 관계의 성격도 마찬가지로 규정된다. 그의 경제적 의존도와 노동의 무가치성 역시 변화(남편의 재산에 따라서 아내가 같은 일을 하더라도 받는 부양이 달라지기 때문에)하는 것이다. 다른 방식에서는, 여성이 구체적

제도화된 수렁들

이고 특정한 노동, 즉 가사노동을 제공받음으로써 자신의 노동력 일부를 회수한다. 법적으로는 모든 여성이 후자를 택할 수 있다. 아내가 밖에서 일을 할 때 남편의 허가를 받아야 하는 법이 1965년 폐지되었기 때문이다. 그러나 실제로 여성들은 남편의 동의가 있을 때 그리고 남편이 아내를 계속해서 필요로 하지 않을 때만 일을 한다. 남편의 허가가 필수라는 형태로 법률상에 규정되어 있었다가 사라진 노동력 완전 전유와 마찬가지로, 여성의 가사노동 '의무'는 법조문 어디에도 그 자체로는 나와 있지 않다. 다만 '집안일'에 대한 여성의 기여는 일종의 현물 지급에 해당할 수 있다고 규정하며 만약 지참금도 수입도 없는 여성이 이 의무를 위반한다면 결혼이라는 계약에서 부정적으로—이렇게 표현할 수 있다면—기재되고 제재를 받을 수 있다. 이혼은 그 제재 중 하나다.

　　법률적 개입이 일어나는 경우, 그 개입이 아동·청소년 판사, 사회보장기구, 법원 중 누구에 의한 것이든 그리고 그 결과가 이혼 혹은 가정의 법정 감독 중 무엇이든, 우리는 결혼의 공식적인 의무, 특히 남편과 아내 사이 차별화된 의무가 명백히 드러남을 목격하게 된다. 이 의무는 구체적이고 차별적으로 명시되며, 모호하고 겉보기에는 상호적인 각 배우자의 책임에 관한 서술과 대비된다.(아내의 '현물' 기여와 남편의 현금 기여가 동등한 가치를 가지고 같은 지위를 발생시키는 기여 방식으로 언급되는 것을 보라.)

　　노동시장에서 여성이 경험하는 불리한 상황과 차별이 앞서 묘사한 결혼 계약의 결과―일부의 주장[2]처럼 원인이 아닌―임은 명백하다. 이제 이런 입장은 가장 진보적인 여성 노동조합에서도 채택하고 있다(Laot 1981).

결혼이 여성 착취를 야기한다는 사실을 인정한다면, 여성들이 결혼해야 한다는 압박을 받는다는 사실 역시 사유해보아야 한다. 이 압박은 물론 문화적, 관계-정동적, 물질-경제적 측면의 다양한 방면에서 작용한다. 이중 마지막 측면이 가장 중요한 건 아니라고 생각할 수도 있다. 그러나 주관적으로 물질-경제적 압박을 가장 중요하게 느끼지 않는다 해도, 이러한 압력은 객관적으로 존재하며 독신 상태일 때와 혼인 상태일 때 여성이 도달할 수 있는 생활 수준의 간극을 비교함으로써 측정이 가능하다. 이때 우리는 모순을 맞닥뜨리게 된다. 한편으로 결혼은 제도적인 여성 착취의 공간인데, 다른 한편으로는 바로 이 착취 때문에, 그들의 잠재적인 상황(기혼 여성뿐 아닌 모든 여성의 상황에 해당한다)이 너무나 열악한 나머지 여성들에게 결혼이 경제적으로 그나마 가장 나은 경력이 되는 것이다. 기존의 상황이나 잠재적인 상황이 열악하여 뒤이은 혼인 상태는 이를 더욱 악화하는 역할밖에 하지 못하고, 그럼으로써 결혼의 필요성이 강화된다. 경제적 압력, 달리 말해 잠재적인 독신의 삶과 결혼한 삶의 생활 수준 사이에 존재하는 격차는 계속해서 커질 뿐이다. 중산층 여성들을 대상으로 한 인터뷰를 통해 이것이 확인된다. 여성들은 많은 경우 결혼하면서 학업이나 일을 그만둔다. 심지어는 남편의 학

제도화된 수렁들

비를 대기 위해 자기 학업을 중단하고 미래가 없는 일을 하다가 남편이 학위를 따면 일을 그만두기도(이러한 '북미' 모델이 프랑스에도 확산되고 있다) 한다. 극히 드물게 일을 계속하는 여성들은 상당한 희생을 대가로 치른다. 치른 대가에도 불구하고 여성들은 자신의 일에 대해 남성과 동일한 수준의 자율성을 갖지 못하고 결과적으로 자기 자신에 더해 물리적으로 부양해야 할 남편과 아이가 없었더라면 얻을 수 있었을 승진의 가능성도 얻지 못한다. 결혼 후 10년이 지나면 여성은 결혼 상태가 이전보다 더욱 필요해진다. 노동시장에서 아내의 입지가 좁아지거나 정체되는 동안 남편은 집안일을 부담하지 않은 채 승승장구한 결과다. 남성이 누리는 가사로부터의 면제는 일부 남편의 특수한 이야기가 아니라 일반적이며 심지어 규범으로 받아들여진다. '정상적인' 노동을 하는 하루는 자신을 물리적으로 부양하기 위한 과업으로부터 면제된 개인에게만 주어진다. 그러나 가사가 여성에게 일방적으로 주어지지 않았다면 이 과업의 면제가 규범이 되기는 애초에 불가능하다. 남편의 경력은 당연히 다른 남성의 것이 아니라 독신일 때, 더 낫게는 아동 양육을 포함한 모든 가사노동을 나누어 행해야 했을 때 그 자신이 가졌을 경력과 비교되어야 한다. 이러한 이중의 과정은 여성이 남편의 학업 자금을 대기 위해서 자신의 학업을 포기하는 경우 더욱 확실하게 드러난다. 이 경우, 두 사람은 거의 같은 상황에서 시작하지만(한쪽이 겪는 다른 차별은 고려하지 않는다고 할 때) 결혼이 여성의 지위 하락을 불러오고 반대로 남성의 지위 상승을 불러오면서, 둘 간의 경제적 가능성 사이에 상당한 격차가 만들어진다. 이 가설은 모두 경험연구로 인하여 확증된 바 있다(De Singly 1987).

이로써 결혼은 여성 자신의 재생산 조건을 만든다고 말할 수 있다. 결혼 상태는 객관적으로 그 상태의 유지를 초래하며, 만약 개별의 결합이 깨어진다면 재혼을 유발한다. 이 주제에서 통계적 수치는 특히 모호하고 해석하기도 어렵다. 이혼한 여성들이 결혼한 여성들보다 더 자주 일한다는 것은 확인 가능하다. 이 사실은 경제적 조건, 즉 독립적 수입의 부재가 이혼하지 않기라는 결과를 촉진한다는 걸 확증한다. 한편 많은 여성은 판결이 내려지기 이전이라도 이혼을 결정한 그 순간부터 이혼했다는 이유로 일하기 시작한다. 따라서 이들은 이혼 결정 시점부터 '일하는 상태'로 집계된다. 같은 상황에 있지만 직업이 없는 누군가는 결혼을 '지속하는' 반면 직업이 있다는 사실이 누군가에게는 이혼을 고려할 수 있게 한다면, 이혼했거나 이혼 중인 많은 여성이 재앙과 같은 상태에서 (배우자와 사별한 여자와 마찬가지로) 노동시장에 접근한다는 사실을 추론할 수 있다. 이들은 자격 요건, 노동 경험, 경력 없이 가장 저임금의 일자리에 내몰린다. 이런 상황은 많은 경우 그들의 높은 학업 수준, 결혼 전에 얻었거나 예측할 수 있었던 경력, 모부의 사회적 위치, 남편의 원래 사회적 위치, 무엇보다 특히 결혼 5년, 10년, 20년이 지난 이혼의 시점에 남편이 도달하는 위치와 대조를 이룬다. 게다가 일반적으로 이

제도화된 수렁들

혼 후 여성들에게는 임금을 받아 부양할 아이들이 있는데, 이혼 이전처럼 물리적인 부양뿐 아니라 새로 추가된 경제적인 부양도 책임져야 한다. 중산층에 속하고 네 명의 아이를 책임지는 한 이혼 여성은 다음과 같이 말했다. "스물두 살쯤에나 할 만한 보잘것없는 일을 하는데…… 나는 지금 마흔 살이에요." 이와 같은 여성 대부분에게 결혼 상태일 때의 생활 수준과 이혼 이후의 생활 수준 사이의 대비는, 후자가 사실상 결혼 상태에서 비롯되었음에도, 결혼에 대한 압박을 한층 강화하여 결국 재혼에 이르게끔 한다. 이 글을 쓴 이후, 이혼 1년 후 여성의 생활 수준은 40퍼센트 떨어진 데 비해 남성의 생활 수준은 70퍼센트 올라갔다는 연구 결과가 나왔다(Weitzman 1985).

아동 양육은 결혼이라는 제도를 가장 잘 조명하는 동시에 이혼 이후에도 결혼이 지속한다는 걸 가장 잘 보여주는 이혼의 측면이다. 여성이 도맡는 아동 양육은 남편에 의한 여성의 노동 전유라는 가설을 뒷받침할 뿐 아니라, 덜 분명하던 부분도 뚜렷이 드러낸다. 바로 결혼의 특성인 이 전유가 결혼 관계가 끝난 뒤에도 이어진다는 것이다. 이로부터 우리가 알 수 있는 사실은 이혼은 결혼의 반대가 아니고, 끝도 아니며, 결혼의 현신이자 변형이라는 것이다.

결혼하는 순간 이 전유는 합법적으로 가려진다. 법적인 틀에 내포된다 해도 그 틀 자체가 한편으로는 모호하고 다른 한편으로는 사용되지 않거나 더 나아가 무용하다는 점에서 전유는 관습적이다. 이 법적인 틀은

제도화된 수렁들

정확히 결혼이 끝날 때 작동한다. 법률적 개입 역시 아동 부양의 부담 전체를 명시적으로 여성에게 지우거나 남편에게서 면제하려는 목적을 가지지는 않는다. 그보다는 이를 가능하게 하며, 적극적인 행위가 아니라 누락을 통해서 그렇게 한다. 적극적인 행위도 존재하긴 하나 이때 공식적인 명목은 '아동의 이익'이다. 비공식적으로(소극적 행위)는 아동의 양육이 특권으로, 심지어 여성에게 있어 보상으로 간주되어 이를 맡지 못하는 여성은 불운하다고 여겨진다. 이 같은 연출의 목적은 부부 사이를 편으로 가르고, 싸움의 결말이 불확실해 보이도록 하고, 양육권을 쟁점으로 만드는 것이다. 이러한 연출의 결과 양육권을 얻은 쪽이 승리를 거둔 것처럼 보이게 된다. 이때 부양이라는 부담은 결코 문제가 되지 않으며 오직 '양육권' 즉 공식적으로는 민사적 책임을 규정하는 법률적 개념이자 비공식적으로는 그 책임을 재산으로 향유할 권리만이 언급된다. 또한 공식적으로 부양 부담은 모부 둘에게 각각 분배된다. 사실상 여성은 항상 어린아이의 양육권을 가진다. 이혼 이후 여성들의 수입은 언제나 남편의 수입보다 훨씬 적다. 법원이 판결하는 양육비는 항상 형편없는 수준이다. 여성의 재정적 기여의 절대 가치는 필연적으로 남편의 기여분보다 높으며 그들의 수입이 적다는 점을 고려하면 이는 상대적으로 아내에게 훨씬 큰 비용이며 희생이다. 양육비를 전혀 받지 못하는 경우도 허다하다. 설령 공식적인 틀 안에서—양육비를 받는다는 가정하에서—바라보더라도, 양육비에는 물

제도화된 수렁들

질적 부양, 즉 여성이 들인 시간과 노동이 결코 고려되지 않는다.

이처럼 어머니에게 양육권을 부여하고 보잘것없는 양육비를 책정하는 적극적인 행위와 양육비를 제대로 주는지 감독하지 않는 부작위의 소극적 행위를 통해, 법원은 그 책임을 전부 여성에게 전가한다. 법원의 공식적인 명목들이 이러한 결과를 끌어내기 위한 구실일 뿐이라는 것은 아이가 어릴 때에는 '아동의 이익'[3]을 위해 아이가 어머니에게 맡겨져야 한다고 절대적으로 지시된다는 사실로 증명된다. 어머니가 가난한지, '비도덕적'인지, 아픈지 그리고 아동의 이익이 상당한 부양 노동을 필요로 한다는 것—빨아야 할 기저귀가 있고 물려야 할 젖병이 있고 장 보아야 할 아동용품이 있다는 것—등은 고려되지 않는다. 그런데 아동이 15세가 되면 법원은 일반적으로 어머니보다 아버지 쪽에 유리한 판결을 내린다. 어머니는 아이에게 더 부유한 아버지만큼의 이익을 (당연히) 줄 수 없을 것이기 때문이다. 그 나이 때까지 어머니에게 맡겨져 있었던 아이는 이제 아버지가 돌려받을 수 있으며, 이때도 주요한 대의는 아동의 이익이다. 그러나 아동의 이익 가운데 양육자의 부유함이라는 측면은 흥미롭게도 아이가 더 어릴 때는 아무런 영향을 미치지 않는다. 그때 아동의 이익은 바로 어머니가(아버지 또는 아버지가 돈을 '지불하는' 사람이 아닌) 기저귀를 채워주는 것이기 때문이다. 이 '아동의 이익'은 객관적으로 어머니를 빈곤하게, 아버지를 부유하게 만들고 이로써 아버지에게로 돌아가는 일이 아동의 궁

제도화된 수렁들

극적인 이익이 될 조건을 형성한다.

이를 통해 두 가지 결론을 내릴 수 있다. 결혼한 동안에 그러했던 것과 마찬가지로, 아동 양육은 여성의 '무상' 노동으로 이루어지며 그렇게 되어야 한다고 여겨진다. 게다가 결혼 기간에는 남편이 단독으로 혹은 부부가 공동으로 책임졌던 재정적 부양이 이혼하면서는 전부 (혹은 대부분) 여성의 몫으로 돌아간다.

한편 이혼 이후 여성은 더는 남편을 물리적으로 부양할 필요가 없다. 이 사실은 특히 결혼 계약의 특징을 드러내준다. 결혼 상태를 이혼 상태—실질적이든 공식적이든—와 비교해본다면, 물리적으로 아동을 부양할 책임은 두 상태 모두에서 여성의 '특권'으로 여겨짐을 알 수 있다. 이 비교를 통해

본다면 결혼은 여성이 남편을 물리적으로 부양하고 그 대가로 남편이 아동의 재정적 부양에 참여하는 교환 관계다.

이혼에 대한 이러한 접근은 어쩌면 기존의 결혼 이론을 보완할 필요성을 보여 준다.

사실, 만일 결혼을 통해 여성 배우자의 노동 전유가 실현된다고 여긴다면, 가정 밖에서 일하는 기혼 여성의 상황을 보며 전반적인 전유가 부분적인 전유로 변화할 수 있다고 생각할 수 있다. 또한 이 전유는 이제 더는 시간이 아니라 구체적인 노동, 즉 극단적인 경우라면 일정량의 돈[4]을 제공해 대체할 수 있는 가사노동을 대상으로 하는 것처럼 보인다. 이 과정은 로마 제국에서 후기 중세, 나아가 근대로 이어지는 노예 신분의 진

제도화된 수렁들

화를 떠올리게 한다. 영주에 의한 노예의 노동력 전유는 노예가 '농노'가 되고 '소속'됨으로써 부분적 전유(일주일에 사흘 노동함으로써 시간이 절반 정도로 줄었다)로 바뀌었다(Bloch 1964). 그리고 이들은 나머지 절반의 시간은 영주에게서 빌린 땅에서 사실상 영주를 위해 일했다. 이렇게 빚진 시간은 그 자체로 구체적인 노동, 즉 역역力役의 의무가 되었고 역역은 이후 돈으로 메울 수 있게 되었다.

그러나 어쩌면 이 공식은 틀렸다. 전유가 전반적에서 부분적으로 바뀌었다면 여성의 노동력 역시 부분적으로나마 회수되어야 하기 때문이다. 그러나 아내는 가정 밖에서 일하면서 독립적인 수입을 얻을 자유에 대한 대가로 이중 노동을 한다. 따라서 우리는 아내가 시간과 가치 중 무엇도 회수했다고 말할 수 없다. 그 대신 아내는 의존으로 특징지어지는 생산 관계로부터 부분적으로 빠져나온 셈이다.

다른 한편으로, 상태로서의 결혼이 이 전유 '계약'으로써 특징지어지고 이혼과 구분된다고 할 때 결혼과 이혼은 같은 결과에 이르는 두 방편이다. 여성에게 집단적으로 아동 양육의 책임을 부과하고 남성을 집단적으로 이로부터 면제시키는 것이다.

이 관점에서 보자면, 결혼 상태뿐 아니라 동거 상태나 사실혼 등 아이가 존재하고 양육되는 모든 상황은 같은 특징을 공유한다. 이들은 사실 동일한 한 제도의 다양한 형태다. 이 제도를 Y라고 부르자. 독신모의 경우는 비합법적으로 간주되는 극단적 형태

이면서 전형적인 형태이기도 한데, 기본이
되는 쌍이 사회학자들이 이야기하는 이자二
者 관계, 어머니와 자식의 쌍이기 때문이다.
결혼은 Y의 형태에 속하고, 이 형태에서는
결혼 상태에 있는 동안 기본 쌍과 기본의 관
계에 남성이 덧붙여져, 여성의 노동력을 전
유하는 대가로 남성이 아동에 대한 경제적
부양에 일시적으로 참여한다.

이 관점은 머독(Murdock 1949)을 비
판하는 인류학자들의 관점과 일치한다. 이
들은 기본적인 이자 관계라고 여겨지는 부
부로부터 출발한 삼자 관계로 정의된 가족
은 보편적이지 않은 반면 어머니-자식의 관
계는 보편적이며, 이 관계가 가족이 '부중심
적'[5]이라고 당연히 받아들여지는 서구 사회
연구에 새로운 요소를 덧붙이리라는 사실을

밝혀냈다.

이 요소는 새롭지만 모순되지 않는 다. 아동을 생산하는 장소로서의 가족은 심지어 우리 사회에서도 모중심적이라 여겨진다고 볼 수 있지만, (자가소비 혹은 시장 소비를 위한) 경제 생산의 단위로서의 가족은 로마 시대 때부터(Engels 1884, 1972) 부부와 가장에게 노동을 제공하는 하인들의 집합체로 정의되었고 이때 가장은 아버지였다.

더 나아가서 아이가 있는 결혼 상태는 하나의 결합, 즉 두 제도의 접점이다. 첫번째는 아동에 대한 여성의 독점적 책임이라는 제도이며 다른 하나는 남편에 의한 아내의 노동력 전유라는 제도다.

사실 오직 결혼만을 고려한다고 하면, 아동 양육의 부담은 남편에 의한 여성의

제도화된 수령들

노동력 전유에 가담하며 이로부터 비롯하는 것처럼 보인다. 아동의 양육, 즉 부양은 아내가 남편에게 제공하는 물리적 부양과 구분되지 않으며 재정적 부양의 대가로 무료 노동을 제공하는 바로 그 방식을 기반으로 이루어진다.

양육자가 둘이라면, 아이는 법률이 강제하는 대로 그들의 재산, 그들의 기쁨, 그들의 '공동' 책임이리라고 가정할 수 있다. 이 경우, 결혼 상태에서는 아동 부양에 들어가는 노동의 절반을 남편(아버지)이 전유하며 이혼 이후에도 전유는 지속한다. 그러나 아이에게 늘 두 명의 '소유주'가 있는 것은 아니다. 아버지가 없을 때 어머니가 아이에게 행하는 부양은 (설령 절반이 되었을지라도) 더 이상 특정 남성에게 이득을 가져다

주지 않는다. 심지어는 결혼 혹은 이혼에서도, 사회 전체를 제외하면 아동으로부터 득을 보는 '유일한' 수혜자는 양육자가 아닌지 의심해볼 수 있고 그렇다면 남편(아버지)을 유일한 수혜자라 보아야 하는 게 아닌지 고려하게 된다. 남편은 아내의 노동의 유일한 전유자로서 그 노동을 수행하지 않기 때문이다. 그러므로 아동 양육은 가족 노동(가사 혹은 비가사)과는 별개로 고려되어야 하고, 오직 여성에게 부여된 아동에 대한 독점적 책임은 결혼과는 독자적인 제도로 이해할 필요가 있다.

이 같은 관점에서, 결혼과 이혼 간의 관계는 처음에 말했던 바와 약간 달라진다. 사실상 남편에 의한 여성 노동력의 전유는 결혼이 끝날 때―남편이 아동과 그 부양의 수혜자로 남는지 아닌지에 따라 부분적으로 혹은 완전히—끝난다. 이런 측면에서 보자면 이혼 안에는 결혼이 지속하지 않는다. 반면에 아동 양육이 커다란 비중을 차지하는 이혼 상황은 여성들에게 재혼에 대한 강력한 경제적 동기로 작동한다.

아이가 있을 때, 그에 대한 물리적 책임은 이혼 이후에도 오로지 여성들에게만 가해지며 심지어 재정적 부담으로 인해 두 배로 가중된다. 그러나 이제는 이 사실이 남편에 의한 아내 노동력의 전유를 드러낸다고 여기기보다, 결혼 이전에 존재했고 결혼 동안 지속했으며 이후에도 살아남은 아동에 대한 여성의 독점적 책임의 새로운 형태라고 보는 것이 더 정확하다. 이 책임은 남성에 의한 여성 집단 착취이자, 이에 따라 발생하는 남성 집단의 아동 양육 책임 면제로 정의할 수 있다. 이 집단적 전유에 남편에 의한 아내 개인의 노동력 전유가 접목된다. 전자는 후자 혹은 후자의 조건을—결혼을 촉진함으로써—유발한다. 왜냐하면 남편은 아내의 노동력을 착취하면서, 반대로 아내와 아이의 재정적 부양에 참여하고, 이로써 아내의 짐을 '경감'하거나 (남성의 집단적 책임 면제에 대한 이론에 따르면) 사회적으로 면제된 책임을 일부 도맡기 때문이다.

다른 말로 하자면, 제도적 책임 면제 덕에 남편이 아동 양육에 재정적으로 참여하면서 아내의 노동력을 총체적으로 요구할 수 있게 되는 것이다.

이로부터 분명히 할 것은, 어머니와 자식 관계를 묘사할 때 쓰이는 '기본 쌍'이라는 단어는 개인적인 관계로서가 아니라 역할과 의무 체계로서의 사회적 형식이라는 점이다. 이 사회적 형식은 물리적 개인들의 연합으로 만들어낸, 착취 구조에 대한 경험적 결과이고 이 구조는 바로 가부장적 정치 체제다. 따라서 여기에서 '모중심적'이라는 용어는 사회학적으로 흔히 받아들여지는 의미로 쓰이지 않았다. 그 의미는 부중심적인 상황과 대칭되고 동등한, 역전된 상황을 가리키거나 최소한 암시하고, 이 상황에서 어머니가 '가장'의 역할, 권력, 사회적 특권을 부여받을 수 있다는 인상을 준다.

그러나 반대로, 모중심성은 부중심적 구조에 반대하고, 대응하고, 균형을 맞추기는커녕 그 한 축을 이루는 통합된 부분이다. 모중심성은 단순히 여성 착취의 다른 집합적 형태가 아니다. 모중심성은 가부장적 부중심 형태에 대한 대안적 형태가 아니다. 모중심성은 가부장적 부중심 형태와 함께 가며 그 조건을 이룬다. 앞에서 보았듯 우리는 아동에 대한 여성의 독점적인 책임을 빼놓고는 결혼과 결혼에서 비롯하는 착취를 이해할 수 없다. 엄마와 자식이라는 쌍의 존재와 실질적 상황뿐 아니라 그 잠재적 존재를 빼놓고도 마찬가지다. 이 쌍은 어떤 의미에서 모든 결혼 계약에 음각으로 (혹은 투명한 글씨로) 새겨 있다. 이 점만으로도 대칭성에 대한 주장을 무효화하기에 충분하다. 어머니와 아이 사이의 유기적인 연관성은 이러한 관계를 근본적으로 비대칭적이게 만든다. 앞에서 보았듯, 사실 가정 내 노동의 전유는 아동 양육이라는 기반이 있어야 가능

제도화된 수령들

하며, 이 양육 책임은 다시 여성 혼자서는 물리적으로 감당할 수 없는 수준이 되어야 하고 실제로 그렇게 된다. 그리하여 남성의 재정적 기여가, 즉 결혼이 필요해진다. 어머니-자식 관계는 따라서 가족이나 가족 형태를 이루는 것이 아니라 유일한 가족, 즉 가부장제 부중심 가족의 조건(잠재성 측면에서)이자 하나의 양태(현실의 측면에서)다. 구체적인 어머니-자식 쌍을 짓누르는 고통은 회복될 수 있는 사고나 개선할 수 있는 불의가 아니다. 그 고통은 필수적이고, 조직화되었으며, 불가피한 요소로서 체제를 구성한다. 어머니-자식 쌍의 존재는 그 열악한 조건과 떼어놓을 수 없다. 결혼에서 착취가 가능하려면 이 쌍이 잠재적으로도 실제로도 존재해야 하는 만큼, 결혼이 유지되기 위해 그 조건은 계속해서 열악해야 한다.

　　따라서 모든 것이 현상을 유지하는—
체제 전복이 부재한—한, 체제가 어머니-자
식 쌍이 고통스럽지 않은 조건에서 존재하
도록 허락할 리 없다. 그렇게 되면 어머니-
자식 쌍이 체제의 목적을 수행하지 않을 것
이기 때문이다.

　　이 글이 보여주는 혹은 보여주고자 시
도하는 것은, 부부뿐 아니라 지배적인 이데
올로기에서 전사회적이고 비정치적이며 '생
물학적'이고 '자연스러운' 결합으로 여겨지
는 어머니-자식 관계 역시 복잡하게 얽혀 있
는 착취를 기반으로 하며 또 이를 실현하는
관계라는 점이다. 이 이데올로기가 은폐하
는 정치적 현실을 폭로하고 따라서 그 목적
을 밝히는 분석은 이데올로기의 역사적 필요

성을 이해하고, '어머니와 아이'의 이미지가 번성하고 외적으로 혹은 내재화를 통해 어디든 존재하게 되는 동력을 설명할 수 있도록 한다. 이러한 분석은 이 이데올로기를 짜깁기하고 채색하려는 모든 시도를 드러내고, 함정—이 함정은 외부의 프로파간다만큼이나 혹은 그보다 더, 의무를 내재화함으로써 발생하는 죄책감과 향수에서 비롯한다—을 비켜 갈 가능성을 만들어낼 것이다.

주

1   「쉘 위 댄스」, 1937.

2   블러드와 울프(Blood and Wolfe 1960)의 주장을 에로
     들자면 가부장제 모델, 더욱이 가부장제 법 같은 것은 없다.
     여성들이 집안일을 남편보다 많이 하는 이유는 집안일에 쓸
     수 있는 시간이 더 많기 때문이다. 한편 남편은 집 밖에서
     일을 하기 때문에(!) 집안일에 쓸 시간이 적다. 또한 아내들의
     결정권이 더 적은 것은 그들이 집 밖에서 일하지 않기
     때문이다(가사노동을 할 자유시간을 보상으로 누리면서). 가계
     경제에서 여성의 역할은 남성보다 덜 중요하다.

3   이 개념은 법률적 허상이다. 그 결과를 보면, 그리고 사실상 그
     시작점부터, 아동의 이익을 이야기하는 것이 아이가 아니라
     판사들임이 명백하기 때문이다.

4   에를 들어 여성이 자신의 의무를 유모 고용비나 보육원비를
     지급하면서 메울 수 있다는 것이다.

5   '부중심적'이라는 단어는 아버지가 중심이라는 의미이며,
     여성이 남편의 집으로 가서 거주하고 남편이 집의 중심인물이
     되는 서구 가족 유형을 가리킨다. '모중심적'이라는 단어는
     어머니가 중심이라는 의미로, 남편이 아내 집에 와서 사는 가족
     형태를 말한다. 혹은 많은 경우 남편이자 아이들의 아버지가
     아내와 아이들과 같이 살지 않기도 한다. 이 두 용어를 이름과
     재산의 이행과 관련된 부계제 혹은 모계제와 혼동해서는 안
     된다. 후자는 넓은 의미의 유산이 상속되는 개보를 의미한다.

참고문헌

Acker, J. (1973), 『Women and social stratification : a Case of Intellectual Sexism』, *American Journal of Sociology*, n° 78, p. 936-945.

Adams, R. N. (1971), 『The Nature of the Family』, *in* J. Goody (ed.), *Kinship*, Harmondsworth, Penguin.

Adlam, D. (1979), 『Into the Shadows』, *Red Rag*, n° 14.

Alzon, C. (1973), *La femme potiche et la femme bonniche*, Paris, Maspero.

Allauzen, M. (1967), *La paysanne française d'aujourd'hui*, Paris, Gonthier.

Archer, M. Scotford and Giner, S. (eds.), (1971), *Class, Status and Power*, London, Weidenfeld and Nicolson.

Barker, D. Leonard and Allen, S. (eds.) (1976a), *Sexual Divisions and Society*, London, Tavistock.

Barker, D. Leonard and Allen, S. (eds.) (1976b), *Dependence and Exploitation in Work and Marriage*, London, Longman.

Barrett, M. and McIntosh, M. (1979), 『Christine Delphy, Towards a Materialist Feminism?』, *Feminist Review*, n° 1.

Barron, R. and Norris, G. (1976), 『Sexual Divisions and the Dual Labour Market』, in Barker and Allen (eds.), *Dependence and Exploitation in Work and Marriage*, London, Longman.

Bastide, H. (1969), 『Les rurales』, *La Nef*, n° 38.

Bastide, G. et Girard, A. (1959), 『Le budget-temps de la femme mariée à la compagne』, *Population*.

de Beauvoir, S. (1949), *Le deuxième sexe*, Paris, Gallimard.

Becouarn, M.-C. (1972), *Le travail des femmes d'exploitants dans l'agriculture et l'évolution des techniques*, thèse de 3ᵉ cycle, Tours.

Beechey, V. (1977), 『Some Notes on Female Wage Labour in Capitalist Production』, *Capital and Class*, n° 3.

Beechey, V. (1979), 『On Patriarchy』, *Feminist Review*, n° 2.

Beechey, V. (1980), 『Patriarchy, Feminism and Socialism』, contribution in *the Jornadas de estudio sobre el Patriarcado*, Barcelon. Ronéoté.

Benston, M. (1969), 『The Political Economy of Women's Liberation』, *Monthly Review*, 21, n° 4. Réédité in Tanner, L. B. (éd.) (1970), *Voices from Women's Liberation*, New York, Signet Books.

Bernstein, B. (1975), *Langage et classes sociales, codes socio-linguistiques et contrôle social*, Paris, Minuit.

Bettelheim, B (1954), *Symbolic Wounds*, Glencoe, Free Press.

Bird, C. (1969), *Born Female*, New York, Pocket Books.

Bland, L. Brunsdon, C. Hobson, D. and Winship, J. (1978), 『Women Inside and Outside the Relations of Production』, in CCCS, *Women Take Issue*, London, Hutchinson.

Bloch, M. (1964), *Les caractères originaux de l'histoire rurale française*, Paris, Armand Colin.

Blood, R. O. and Wolfe, D. M. (1960), *Husbands and Wives, the Dynamics of Married Living*, Glencoe, Free Press.

Boigeol A., Commaille, J. and Roussel, L. (1975), 『Enquête sur 1000 divorces』, *Population*.

Bottomore, T. B. (1965), *Classes in Modern Society*, London, George Allen and Unwin.

Boudon, R. (1979), *L'inégalité des chances : la mobilité sociale dans les sociétés industrielles*, Paris, A.

제도화된 수렁들

Colin (1ʳᵉ édition 1973).

Bouglé, C. (1975), *Les idées inégalitaires : étude sociologique*, Paris, F. Alcan (1ʳᵉ édition 1899).

Bourdieu, P. (1972), 「Les stratégies matrimoniales」, *Annales, Économies, Sociétés, Civilisations*, n° 4-5, juillet-octobre.

Bourdieu, P. et Passeron J.-C. (1964), *Les héritiers*, Paris, Minuit.

Bourgeois, F., Brener, J., Chabaud, D., Cot, A., Fougeyrollas, D., Haicault M., and Kartchevsky-Bulport, A. (1978), 「Travail domestique et famille du capitalisme」, *Critique de l'économie politique*, série n° 3.

Bujra, J. (1978), 「Introductory, Female Solidarity and the Sexual Division of Labour」, *in* P. Caplan and J. Bujra (eds.), *Women United : Women Divided*, London, Tavistock.

Cazaurang, J.-J. (1968), *Pasteurs et paysans béarnais*, Pau, Marimpouey.

Chester, R. (1973), 「Divorce and the Family Life Cycle in Great-Britain」, communication au 13ᵗʰ séminaire annuelle du Committee on Family Research of the ISA, Paris, polycopié.

「Les chimères」 (1974), 「Et mon instinct maternel」, *Les Temps modernes*, n° 333-334. *Code civil français*, Librarie Dalloz, Paris (1970, 1974, 1978).

Cousins, M. (1978), 「Material Arguments and Feminism」, *m/f*, n° 2.

Dalla Costa, M.R. and James, S. (1973), *Le pouvoir des femmes et la subversion sociale*, Genève, Librairie Adversaire.

Davis, E. Gould (1973), *The First Sex*, London, Dent.

Dayre, D. in *Études et Documents du Centre de recherches économiques et sociales*, mai 1955.

Delphy, C. (1969), 「Le patrimoine ou la double circulation des biens dans l'espace économique et le temps social」, *Revue française de sociologie*, n° spécial sur les faits économiques.

Delphy, C. (1992), 「Féminisme et recomposition à gauche」, *Politis, la revue*, n° 1, hiver.

Delphy, C., Armengaud, F. et Jasser G. (1994), 「Une offensive majeure contre les études féministes」, *Nouvelles Questions Féministes*, vol. 15, n° 4, à paraître dans Delphy, C., *Chroniques féministes*, Syllepse, 2009.

Douglas, C. A. (1980), interview de Christine Delphy et Monique Wittig, *Off Our Backs*, 10, n° 1, p. 6.

Duchen, C. (1983), 『French Feminism since 1968, a study in politics and culture』, PhD thesis, New York University.

Duchen, C. (1984), 「What's the French for political lesbian ?」, *Trouble and Strife*, n° 2.

Duvall, E. M. (1957), *Family Development*, New York, Lippincott.

Edholm, F., Harris, O. and Young, K. (1977), 「Conceptualising Women」, *Critique of Anthropology*, n° 9/10.

Eisenstein, Z. (ed.) (1979), *Capitalist Patriarchy and the Case for Socialist Feminism*, New York, Monthly Review Press.

Engels, F. (1884/1972), *The Origin of the Family, Private Property and the State*, avec une introduction de E. B. Leacock, London, Lawrence and Wishart.

Féministes révolutionnaires (1977), 「Justice patriarcale et peine de viol」, *Face-à-femmes*, Alternatives n° 1.

Ferchiou, S. (1968), 「Differentiation sexuelle de l'alimentation au Djerid (sud tunisien)」, *L'homme*, 1ᵉʳ trim.

Feyerabend, P. (1979), *Contre la*

méthode, Paris, Le Seuil.

Finch, J. (1983), *Married to the Job, Wives' Incorporation in Men's Work*, London, George Allen and Unwin.

Firestone, S. (1971), *The Dialectics of Sex*, London, Jonathan Cape.

Flaubert, G. (1995), *Trois contes*, Paris, Le Seuil.

Galbraith, J. K. (1973), *Economics and the Public Purpose*, London, André Deutsch.

Galbraith, J.K. (1973), 『The Economies of the American Housewife』, *The Atlantic Monthly*, août.

Gardiner, J (1975), 『Women's Domestic Labour』, *New Left Review*, n° 89, janv.-fév.

Gilissen, J. (1959), 『Le privilège du cadet ou droit de maineté dans les coutumes de la Belgique et du nord de la France』, in *Mélanges Pétot, Études d'histoire du droit privé*, éd. Montchrestien.

Gillott, P. (1974), 『Confessions of an ex-Feminist』, *Cosmopolitan*.

Girard, A. (1958), 『Budget-temps de la femme mariée dans les agglomérations urbaines』, *Population*, n° 4.

Girard, A. (1958), 『Budget-temps de la femme mariée à la campagne』, *Population*, n° 2.

Girard, A. (1961), *La Réussite sociale en France*, Paris, Presses Universitaires de France.

Girard, A. (1964), *Le Choix du conjoint*, Paris, Presses Universitaires de France.

Goode, W. J. (1956), *Women in Divorce*, New York, Free Press.

Guillaumin, C. (1992), *Sexe, race et pratique du pouvoir : l'idée de nature*, Paris, Côté-femmes.

Habbakuk, H. O. (1968), 『Family Structure and Economic Change in 19th Century Europe』, *in* N. Bell and E. Vogel, *The Family*, New York, MacMillan, The Free Press.

Hanmer, J. (1978), 『Violence and the Social Control of Women』, *in* G. Littlejohn et al. (eds.), *Power and the State*, London, Croom Helm.

Harding, S. (1991), *Whose Science ? Whose Knowledge ?*, Buckingham: Open University Press.

Hartmann, H. (1974), 『Capitalism and Women's Work in the Home, 1900-1930』, PhD thesis, University of Yale.

Hays, H. R. (1965), *The Dangerous Sex*, London, Pocket Books.

Hennequin, C., de Lesseps, E. et Delphy, C. (Quelques militantes) (1970), 『L'interdiction de l'avortement, exploitation économique』, *Partisans*, n° 54-55, n° spécial 『Liberation des femmes, annees zero』, nov.

Himmelweit, S. and Mohun, S. (1977), 『Domestic Labour and Capital』, *Cambridge Journal of Economics*, 1, n° 1.

Insee (1973), *Principaux resultats de l'enquete permanente de 1971 sur les conditions de vie des menages*, n° 82.

Irigaray, L. (1974), *Speculum de l'Autre Femme*, Paris, Minuit.

Jackson, J. A. (ed.) (1968), *Social Stratification*, Cambridge, Cambridge University Press.

Jousselin, B. (1972), 『Les choix de consommation et les budgets des ménages』, *Consommation*, janv.-mars.

Kandel, L. (1980), 『Journaux en mouvements, la presse féministe aujourd'hui』 et 『Post-Scriptum, une presse "antiféministe" aujourd'hui : "Des femmes en mouvements"』, *Questions féministes*, n° 7.

Kooy, G. A. (1959), *Echtscheidingstendenties in 20ste eeuws Nederland inzonderheid ten plattelande*, (Divorce Trends in the Rural Areas of the

Netherlands in the Twentieth Century), Assen, Van Gorcum.

Laot, J. (1981), *Stratégie pour les femmes*, Paris, Stock.

Larguia, I. (1970), 『Contre le travail invisible』, *Partisans*, n° 54-55.

Larguia, I. and Dumoulin, J. (no date, about 1973), *Towards a Science of Women's Liberation*, Red Rag pamphlet, n° 1.

Leclerc, A. (1974), *Parole de femme*, Paris, Grasset.

Léger, D. (1976), 『Questions sur le travail domestique』, *Premier Mai*, n° 1.

Lénine, V. I., *Œuvres*, vol. xxiv, Moscou.

Le Roy Ladurie, E. (1972), 『Structures familiales et coutumes d'héritage』, *Annales, Economie, Sociétés, Civilisations*, n° 4-5, juillet-octobre.

Lewis, J. (1981), 『The Registration of "MLF" in France』, *Spare Rib*, n° 108.

Lilar, S. (1969), *Le malentendu du deuxième sexe*, Paris, PUF.

London, J. (1948), 『Le païen』, *Contes des mers du Sud*, Paris, Hachette.

Löwy, M. (1985), *Paysages de la vérité : introduction à la sociologie critique de la connaissance*, Paris, Anthropos.

McAffee, K. and Woods, M. (1969), 『Bread and Roses』, *Leviathan*, n° 3. Réédité *in* Tanner (ed.), *Voices From Women's Liberation*, New York, Signet Books.

McDonough, R. and Harrison, G. (1978), 『Patriarchy and the Relations of Production』, *in* A. Kuhn and A.-M. Wolpe (eds.), *Feminism and Materialism*, London, Routledge and Kegan Paul.

Mainardi, P. (1970), 『The Politics of Homework』, *in* Tanner (ed.), *Voices From Women's Liberation*, New York, Signet Books.

Mandel, E. (1962), *Traité d'économie marxiste*, Paris, Julliard, *10/18*.

Marceau, J. (1976), 『Marriage, Role Division and Social Cohesion, the Case of Some French Middle Class Families』, *in* Barker and Allen (eds), *Dependence and Exploitation in Work and Marriage*, London, Longman.

Marczewski, J. (1967), *Comptabilité nationale*, Paris, Dalloz.

Mathieu, N.-C. (1991), *L'anatomie politique : catégorisations et idéologies du sexe*, Paris, Côté-femmes.

Mead, M. (1950), *Male and Female*, en français *L'un et l'autre sexe*, Gonthier, (1966).

Milhau, J. et Montagne, R. (1968), *Économie rurale*, Paris, PUF (coll. 『Themis』).

Mitchell, J. (1975), *Psychanalyse et politique*, Paris, Des Femmes.

Molyneux, M. (1979), 『Beyond the Domestic Labour Dispute』, *New Left Review*, n° 16.

Montagu, A. (1952), *The Natural Superiority of Women*, New York, Macmillan.

Murdock, G. B. (1949), *Social Structure*, New York, Macmillan.

Naville, P. (1971), 『France』, *in* Archer and Giner (eds.).

Nouacer, K. (1969), 『Maroc, la segregation』, *La Nef*, n° 38, oct.-déc.

Olah, S. (1970), 『The Economic Function of the Oppression of Women』 *in* S. Firestone and A. Koedt (eds.), *Notes From the Second Year*, New York : Notes from the Second Year.

Parti communiste français (1970), *Les communistes et la condition de la femme*, Paris, Editions sociales.

Perrot, M. (1961), *Le mode de vie des familles bourgeoises*, Paris, Colin.

de Pisan, A. and Tristan, A. (1977), *Histoires du MLF*, Paris, Calmann-Levy.

Pedinielli-Plaza, M. (1976), 『Différence de sexe et réalité des femmes』, brochure.

Plaza, M. (1977), 「Pouvoir "phallomorphique" et psychologie de "la femme"」, *Questions Féministes*, n° 1. Traduit in *Ideology and Consciousness*, n° 3 (1978).

Righini, M. (1974), 「Etre Femme enfin !」, *Le Nouvel Observateur*, 15 mars.

Rich, A. (1980), 「Compulsory Heterosexuality and Lesbian Existence」, *Signs*, 5, n° 4. En français 「La contrainte à l'hétérosexualité et l'existence lesbienne」, *Nouvelles Questions Féministes*, 1981, n° 1, mars.

Rouxin, C. in *Populations et Sociétés*, n° 23, mars 1970.

Rubin, G. (1975), 「The Traffic in Women, Notes on the "Political Economy" of Sex」, *in* R. R. Reiter (ed.), *Toward an Anthropology of Women*, New York, Monthly Review Press.

Seccombe, W (1974), 「The Housewife and the Labour under Capitalism」, *New Left Review*, n° 83, p. 3-24.

Sahlins, M. (1974), *Stone Age Economics*, London, Tavistock.

Silvera, J. (1975), *The Housewife and Marxist Class Analysis*, Seattle, Wild Goose Pattern. de Singly, F. (1987), *Fortune et infortune de la femme mariée*, Paris, PUF.

Stoetzel, J. (1948), 「Une étude du budget-temps de la femme dans les agglomérations urbaines」, *Population*, n° 1.

Sturgeon, T. (1960), *Venus Plus X*, New York, Pyramid Books.

Tanner, L. B. (ed.) (1970), *Voices From Women's Liberation*, New York, Signet Books.

Terray, E. (1972), *Le marxisme devant les sociétés primitives*, Paris, Maspero.

Veblen, T. (1899), *Theory of the Leisure Class*, en français *Théorie de la classe de loisir*, Paris, Gallimard, 1970.

Weitzman, L. (1985), *The Divorce Revolution*, New York/London, The Free Press/Collier MacMillan.

Wolfelsperger, A. (1970), *Les biens durables dans le patrimoine du consommateur*, Paris, PUF.

Zelditch, M. (1964), 「Family, Marriage and Kinship」, *in* R. E. L. Faris (ed.), *Handbook of Modern Society*, Chicago, Rand McNally.

Zetkin, C. (1934), 「Les notes de mon carnet」, *Lénine tel qu'il fut*, Paris, Bureau d'éditions.

제도화된 수렁들

크리스틴 델피
가부장제의 정치경제학 시리즈

0 | 서문
나는 이 문제를 '여성 억압'이라 부르고자 한다

1 | 주적
여성 억압에서 제1의 적은 무엇인가?

가족이라는 위계 집단

2 | 가사노동 혹은 가정 내 노동
정말 가사노동만이 무료 노동인가?

3 | 가족과 소비
한집안 식구는 같은 것을 먹는가?

제도화된 수렁들

4 | 유산 상속
불리는 누구에게, 어떻게 세습되는가?

5 | 결혼과 이혼
이것은 여성의 지위를 틀림없이 박탈한다

크리스틴 델피
가부장제의 정치경제학
제도화된 수령들

1판 1쇄 인쇄   2023년 5월 20일
1판 1쇄 발행   2023년 6월 1일

지은이   크리스틴 델피
옮긴이   김다봄 · 이민경

기획   이민경
편집   이두루
디자인   우유니
홍보   김혜수

펴낸곳   봄알람
출판등록   2016년 7월 13일 2021–000006호
전자우편   we@baumealame.com
인스타그램   @baumealame
트위터   @baumealame
홈페이지   baumealame.com

ISBN   979-11-89623-20-3 (92300)